山西农业大学劳动教育集萃

勤耕重读　沃土春华

冯晓燕　主编

中国农业大学出版社

·北京·

内 容 简 介

耕读教育将农业生产与文化教育相结合，是农林院校加强劳动教育的重要载体，也是培养大学生强农兴农使命和知农爱农情怀的重要途径。山西农业大学立足农业领域，积极探索新时代耕读教育的新模式，培养出了一批批懂农业、爱农村、爱农民的青年学子。本书精选我校劳动教育的生动案例，“耕行沃野　读知天下”分册包括讲学篇、文化篇和实践篇；“勤耕重读　沃土春华”分册包括专业生产劳动教育、创新创业劳动教育、志愿服务劳动教育和日常生活劳动教育。希望此书能为更多涉农高校拓展耕读教育工作思路，为教师和学生提供教学和研究参考。

图书在版编目（CIP）数据

山西农业大学劳动教育集萃. 勤耕重读　沃土春华/冯晓燕主编. --北京：中国农业大学出版社，2022. 4

ISBN 978-7-5655-2764-7

Ⅰ.①山…　Ⅱ.①冯…　Ⅲ.①高等学校-劳动教育-中国-文集　Ⅳ.①G40-015

中国版本图书馆 CIP 数据核字（2022）第 061787 号

书　名　山西农业大学劳动教育集萃
　　　　勤耕重读　沃土春华
　　　　Shanxi Nongye Daxue Laodong Jiaoyu Jicui
　　　　Qingeng Zhongdu Wotu Chunhua
作　者　冯晓燕　主编

策划编辑　李卫峰　胡晓蕾　　**责任编辑**　胡晓蕾　李卫峰
封面设计　郑　川
出版发行　中国农业大学出版社
社　　址　北京市海淀区圆明园西路 2 号　　**邮政编码**　100193
电　　话　发行部 010-62733489，1190　　读者服务部 010-62732336
　　　　　编辑部 010-62732617，2618　　出　版　部 010-62733440
网　　址　http://www.caupress.cn　　**E-mail**　cbsszs@cau.edu.cn
经　　销　新华书店
印　　刷　运河（唐山）印务有限公司
版　　次　2022 年 6 月第 1 版　　2022 年 6 月第 1 次印刷
规　　格　170 mm×240 mm　　16 开本　　10.25 印张　　110 千字
定　　价　90.00 元（全 2 册）

编写人员

主　编： 冯晓燕

副主编： 陈　冲

编委会： 赵志红　王纪平　李清宏　郭数进　李慧锋　赵俊星
孙子龙　靳　岷　李廷亮　温鹏飞　冯翠萍　解晓悦
张宝俊　张志伟　邢泽炳　杨　华　王冬冬　成丽君
段喜明　张元洁　刘　冬　杜广华　郝建峰

序

劳动教育作为中国特色社会主义教育制度的重要内容，既是落实立德树人根本任务、培养社会主义建设者和接班人的重要途径，也是构建高水平人才培养体系的重要一环。从全国教育大会明确提出把劳动教育纳入社会主义建设者和接班人的总体要求，到《关于全面加强新时代大中小学劳动教育的意见》《大中小学劳动教育指导纲要（试行）》的出台实施，再到《中华人民共和国教育法》将“劳”纳入教育方针，党中央关于劳动教育的一系列决策部署为全面推进新时代劳动教育，加快构建德智体美劳全面培养的教育体系指明了前进方向，提供了根本遵循。

在山西农业大学115年的办学历程中，劳动教育有着悠久的历史，最早可追溯到学校的前身——铭贤农工专科学校、铭贤学院时期，当时的学籍表上就有关于“劳动问题”课程名称的清晰记载。在之后不同历史年代的课程设置中，先后出现专业劳动、劳动技术课、劳动技术教育、劳动教育等名称，并制定了《劳动教育课管理暂行办法》《劳动课教学大纲和考核标准》等制度文件，在多年的历史积淀中形成了鲜明的劳动育人特色。当前，学校贯彻落实新时期党对教育的新要求，开拓创新，谋新求变，探索新时代高等农业教育发展内在规律和知农爱农新型人才培养规律，制定了《山西农业大学关于加强新时代劳动教育的实施方案》，成立了劳动教育工作领导组，为培养造就知农爱农的一代新人奠定了坚实的制度基础和组织保障。

专业生产劳动教育

立志崇学　兴农有我

王鹏飞　陈浩友　王侠　王梦圆　蔡嘉玲
刘晨诗　崔钰欣　郭子然　杨嶷　韩海磊
国贸 1901 班

简介：此作品主要展现了小组成员利用空闲时间主动对山西省晋中市太谷区农产品贸易销售情况进行调查与研究，前往运城

市进行“三下乡”支农志愿服务，去往山西农业大学果树研究所进行培训与志愿劳动等一系列活动。小组成员充分运用国际经济与贸易相关专业知识，分析市场上农产品销售存在的问题，制订解决方案；深入农村，为农民宣传农产品销售与贸易专业知识，促进农产品的销售；去往果树研究所学习核桃产业的生产与销售知识，并主动参与志愿劳动。活动反映了我们“立志崇

学，兴农有我”的担当！

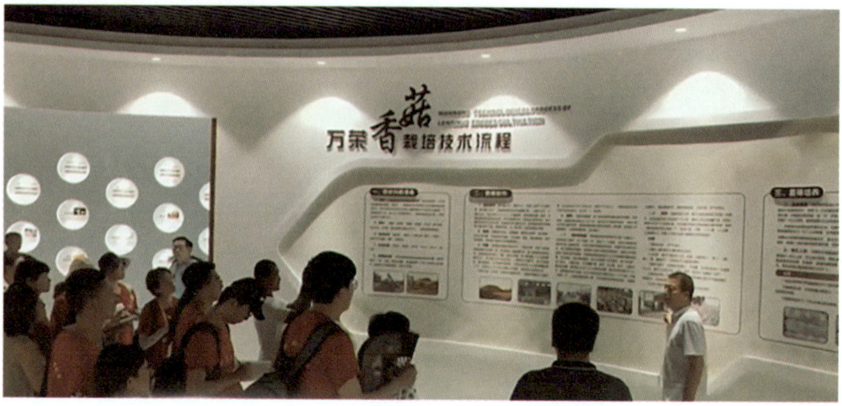

（视频二维码）

山西农业大学植物园改造

杨音　茹颖晶　王雅静　杨榕　张欣怡　李青沁　刘雯雯
景观 1902 班

简介：小组成员利用风景园林专业所学的专业知识，对校园内一些可改造的区域进行翻改，对山西农业大学校内植物园的景观进行重新规划。主要内容与过程包括：实地考察（现状分析）、小组讨论（总平面、植物配置的确定）、分工绘制（成员对分工内容进行整合绘制）、效果展示（小组汇报改造成果）。作品亮点是小组成员在实际应用中充分发挥专业所学知识，活学活用；在分工中找到自己擅长的部分，体会专业所学在实际应用中的感受；在合作讨论中增强集体共同创作作品的氛围，了解不同角度对专业实践的理解与看法，充分发挥集体力量，提高个人能力，拓宽知识面。

（视频二维码）

模拟法庭大赛纪实

赵志晨
法学 1901 班

简介：本人参加了 2021 年山西省第十届模拟法庭大赛，在学院老师的指导下，认真研究比赛案例，深入分析具体案情，对比赛稿件不断推敲修改，通过多次组织控辩双方对抗训练，参照最

认真准备

高法院庭审录播，不断严谨审判流程，最终以模拟法庭审判长的角色代表学校参赛，并于 2021 年 5 月 15 日在太原市晋源区人民法院与省内各高校法学专业学生同台竞技。比赛过程中，控辩双方思辨合理、逻辑严谨、法律知识运用准确，选手们随机应变、

沉着冷静，展现了昂扬的精神风貌和优秀的专业素养。经过激烈角逐，山西农业大学代表队获得优秀奖，参赛的审判长、公诉人、辩护人均获得可喜成绩，山西农业大学同时也被评选为优秀组织

认真分析案例

比赛当天场景

单位。通过模拟法庭大赛，我们法科生不断检验理论基础，获得宝贵实务经验，不断加强专业知识的运用能力，努力朝研学用一体化人才的方向努力奋斗。通过参与模拟法庭大赛，我不仅提升了自身实践能力，同时也看到了与其他高校优秀学生的差距，此次活动让我受益匪浅。

（视频二维码）

零距离看小草

秦云梦　李博慧　徐庆　严何濡
草业 1901 班

简介：草业科学是一门实践性很强的学科，它的形成和发展是建立在野外调查基础上，为人类认识自然、改造自然服务。

本视频重点在于突出草业科学专业基础实践——赖草农艺性状的调查。农艺性状调查对于草类品种选育有重要意义，是科学研究的重要基础。因此，农艺性状调查也成为本科生必须掌握的技能。视频分为田间数据采集和室内数据统计 2 个主要部分，突出了专业基础实践劳动需要细心、耐心、严谨、坚持的态度。田间数据采集部分，小组成员分工包括测量株高、叶宽、茎粗和数据记录；室内数据统计部分，小组成员分工包括统计小穗数、小花数、种子数和数据记录。小组成员分工协作，不仅掌握了专业知识，而且锻炼了团队合作能力，在劳动中继承和弘扬了吃苦耐劳、艰苦奋斗的劳动精神。通过这次专业生产劳动教育，能够培养成员们吃苦耐劳的精神，在社会中锤炼意志，挖掘自身潜力，提高各项综合素质，培养团队精神，锻炼组织协调能力，增强他们成为农业学子的信念！“三农”人才应先培养理论修养，提高使命感、责任感，进而通过参加社会实践活动，加深“三农”情怀，从而成为优秀的“三农”人才。“理论是灰色的，生活之树常青”，只有将理论付诸实践才能实现理论的价值，也只有将理论付诸实践才能使理论得以检验。同样，一个人的价值也是通过实践活动来实现的，只有通过实践才能锻炼人的意志，彰显人的品质。实践出真知！没有实践过的知识不是自己的认知，人生的成长在于不断提升自己！

（视频二维码）

飞奔的少年

李嘉琦　左宗谨　魏起云　余国杰　贯啸峰　高康儒　郭泽阳
草业 1901 班

简介： 虽然辛苦，我们还是会选择那种滚烫的人生。用力活着，才有分量；向前奔跑，才能抵达。飞奔的少年最动人心！愿你我青春灿烂，愿你我前途光明。

暑假期间，我们有幸参加了中国科学院内蒙古草原生态系统定位研究站“中国北方草原生态系统服务评估”和中国科学院科技专项“内蒙古退化草地恢复技术与近顶级群落构建”的大学生暑期野外科研实践活动，在其中收获满满。

（视频二维码）

“愚公精神”太原玉泉山重披锦绣

张旭冉　陈晨陌　刘俊含　许路鹏
城规 1901 班

简介：山西是产煤大省，矿山生态修复是其生态治理中的必答题。除了从源头治理关闭矿山，山西省人大常委会也就政府与社会资本如何更好地发挥协同作用提供了政策法规的支持，针对采矿企业的“谁破坏谁治理”原则，鼓励社会资本的“谁治理谁受益”原则等被写入了相关决定。

当代“愚公”张俊平从大山里走出，成长在军营，历练于地方，成功转战于商海，后又倾其所有，绿化荒山，以“愚公精神”用 10 年时间将废弃矿山改造成环境优美的城郊公园。

张俊平带领 1 000 多名工人用了 10 余年完成了荒山治理的 70%，使废弃矿山成了吸引百万人旅游观光的休闲之处。玉泉山是一点点变绿的，这是上千名工人背着树苗、管道一步步攀登出来的。在陡峭的山峰上，他们每一步都要稳健而有力，他们步履维艰的样子正是开发废弃矿山的真实写照。

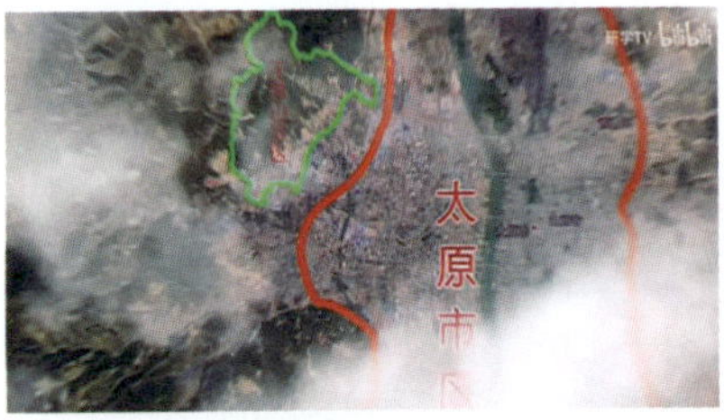

保家卫国是每个人的责任

改造成功

矿山原貌

今日矿山

（视频二维码）

法院实习初体验

李苗苗　张怡静　荣慧泽
法学 1902 班

简介：2021 年暑期，根据学院安排，我们分别去邻近人民法院进行了为期 1 个月的实习，开始了法学生涯的工作初体验。视频中简略记录了我们在法院实习的生活，包括各种文书书写、收发传票、旁听开庭、外出执行等业务，这是对我们充实的实习生活的简略总结和纪念。

本次实习让我们了解到从事法律专业需要构建一颗强大的内心，需要将专业知识、冷静、耐心与中立相结合，这次实习经历将影响着我们日后的工作和学习。谨以此视频勉励自己与同学们不忘初心、努力奋斗，争取为法律事业的建设添砖加瓦！

（视频二维码）

乡村振兴示范村专业实习

李少琛　冯丹
景观 1901 班

简介：作品主要介绍了我们“三下乡”的经历，介绍了我们在山西省晋城市陵川县丈河村的一些工作，例如植物调研、问卷调查等。这次活动把我们从理想社会拉回了现实，让我们看到了

自己的各种不足，包括知识储备、涉世经验等，同时给我们未来的发展指明了方向，为我们下次“三下乡”活动积累了宝贵的经验。“三下乡”就是要我们这些热血青年好好利用自己的才能，与实践相结合，让我们实实在在感受乡情，知道自己的责任和使命，并在实践中肯定自己的价值，认识自己的不足。我们要

更加努力学习和充实自己，为以后更好地为人民服务做好准备，这才是“三下乡”的意义。

我们在这里对党史材料进行了整理

（视频二维码）

乙酰化葡萄糖的制备及降低碱性溶液的 pH

孙正　刘雅津　张鹏　张德来　李选坐　成伟
化学 1902 班

简介：本视频为校内实验过程介绍。本次实验是乙酰化葡萄糖的制备以及用于碱性环境的改良。课本上介绍的乙酰化葡萄糖的制备过程需要锌粉等作催化剂，而本实验利用创新思维，通过查找文献，选择使用浓硫酸当作催化剂。同时，本次实验不仅仅是乙酰化葡萄糖的制备合成，还有利用乙酰化葡萄糖进行降碱处理的内容。通过实验视频可一目了然地了解到降碱的过程，为大家呈现出化学世界中精彩的一面。

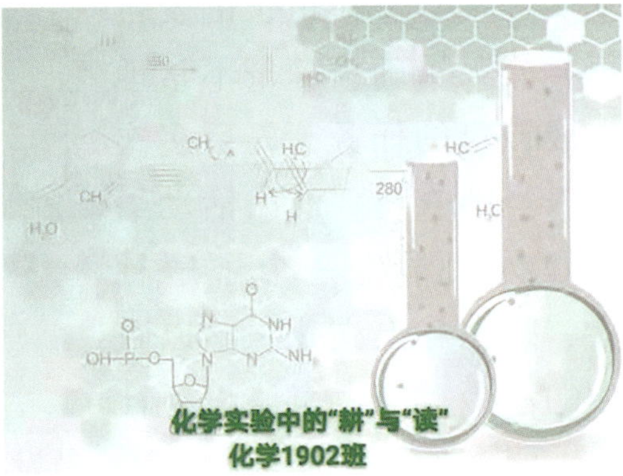

（视频二维码）

青春助力乡村振兴

李晨 杨爽 何博 田世杰 郝飞鸿 崔未凤 邢智慧 秦阳阳
经管 1901 班

简介：作为新时代大学生，我们积极响应全国高校“三下乡”的号召，组建实践队，前往山西省运城市万荣县，围绕知识支农帮扶、国情社情观察、入户实践调研 3 方面展开社会实践活动。实践队员在组长的安排下，分工明确、有条不紊地完成各自的任务，先后多次深入当地农村。这次活动给了在校大学生一个了解社会、感受乡土文化、学以致用的平台，使大家认识了社会，明确了自己的历史使命，激发了学习热情，丰富了人生经历。

（视频二维码）

我们都是法律人

李颖超　李沁芝　向姗　王林林
法学 1902 班

简介：“劳动创造幸福，实干成就伟业。”新时代的大学生应该弘扬劳模精神，劳动精神，工匠精神，勤于创造，勇于奋斗，更好发挥主力军的作用，满怀信心投身全面建设社会主义现代化国家，实现中华民族伟大复兴中国梦的伟大事业。

这个作品记录了我们从校园到社会的过渡，从校内的模拟法庭到法院的真实庭审，从课本的理论知识到社会实践。本视频由 2 部分组成，一部分是我们在校内参与的各种有关法律的活动，另一部分是我们在校外的法律实践。视频涉及整理卷宗、送达文书、庭审记录等各项工作。“千里之行，始于足下”，社会实践对我们走向社会起到了桥梁和过渡的作用，是我们人生的一段重要经历，对我们将来走上工作岗位有着很大的帮助。在以后的人生中，我们也要努力做一个像优秀法官、优秀律师那样有学识、公平、正义、诚实、知法、守法、用法、严守法律尊严的人。

（视频二维码）

汲劳动之源　筑青年之魂

王昱霖　张正妍　靳晓荷　王聪玲　李昊　仓磊　郭凯源　李浩然
经管 1904 班

简介：山西农业大学以校园环境为实践场所，在学生中展开劳动周活动，为学生提供了一个实践锻炼的平台，使学生在劳动过程中，不仅懂得了劳动人民的辛苦，更懂得了在集体中应该如何相互配合，加强了我们的集体感，使我们在身体和精神上得到提升。

在这个美丽而文化底蕴深厚的校园里，我们完成了从新生到老生的转变，也有了那份主人公的责任感。刚到学校时就曾听学长学姐说过，大三的时候有劳动周，我们渴望着它的到来，可以一起为这个“大家”做清洁。我要感谢我们班的同学们，和同学在一起劳动，大家相互配合，互相帮助，我觉得心里暖洋洋的、乐融融的。喜欢和大家在一起配合时的默契，喜欢和大家在一起劳动时的团结。一星期以后，看到因为我们的劳动而更显整洁的校园，我们心中的喜悦是不能言表的，就仿佛一个艺术家看到自己完成的作品一样。我们在劳动中收获了开心，得到了成长，更学会了对人生的思考。

（视频二维码）

创新创业劳动教育

创意小品：劳动光荣，奉献最美

杨洁　白睿思　郭锦华　武一帆　苑晓泉
软件 1921 班

简介：本作品通过展示大学生小琳刚开始从思想上对待学习生活的懒惰懈怠，以及对于为社会、为国家奉献的认识不足，到经过特殊军训后深刻体会劳动的重要性，变得懂得奉献、吃苦耐劳，认识到当代大学生应该深刻思考劳动的意义，劳动光荣、奉献最美。

（视频二维码）

科技翅膀助力农业腾飞

董建　周熠　马乐　付雍喆　苏涵　田雅洁　曹书振
智能 1901 班

简介：众所周知，新时代大环境下，数不胜数的新型高科技技术被应用于生活的方方面面，在农业生产领域同样也出现了很多新兴事物，其中农业无人机在农业领域用于生产实践已经拥有较为成熟的技术。这就如习近平总书记所说的，“志之所趋，无远弗届，穷山距海，不能限也”，应用其进行志愿服务劳动教育正是我们的立项依据。

随着国家改革开放的不断深入，我们国家的农业产业结构也需要进一步的改革，在农业整体结构上，我们急需从过去较为落后较为单一的生产模式过渡到农业现代化智能化的产业模式，而

“无人机+农业”正是理想的一种模式。

在整体的活动进行当中，首先，我们深入基层农村，了解农业生产的现状，知道当下的农业生产过程中直面的困难是什么；其次，我们利用无人机代替一些农业上的生产活动，使生产过程更加高效和便捷，比如在农业生产喷洒农药阶段，我们结合无人机的使用，提高农药喷洒效率，减少农药对人体的伤害，以及合理化、标准化进行农药喷洒，从中做到一举多得；最后，我们收集处理一些生产第一线的农民的建议，更加进一步地深化优化我们志愿服务劳动的质量。

将新型高科技产品用于农业的志愿服务活动是提高农业生产效率，减少农业生产成本的良好方式，我们要做现代农业生产方式的提供者和服务者，做美丽乡村建设的设计者和行动者。进行志愿服务活动同样也是促进提高农民收入、增加农民社会福利，促进提升农民科学素质、强化身份认同、弘扬社会主义核心价值观，切实增进农民获得感、幸福感和安全感的一种有效方式。

科技改变农业

学校为我们的梦想插上翅膀

起飞的是未来

（视频二维码）

创意小品：你凭什么不劳动

曾玮　王小波　曹嘉临　侯超雄　宋宏宇　田杰
软件 1920 班

简介：宿舍内因为劳动出现了矛盾，引发了不必要的麻烦。大家在经过反思之后，重新认识到了劳动的必要性，并且重归于好，形成了热爱劳动的宿舍氛围，大家一起劳动，积极向上。

大二重新分宿舍

一到值日就推脱

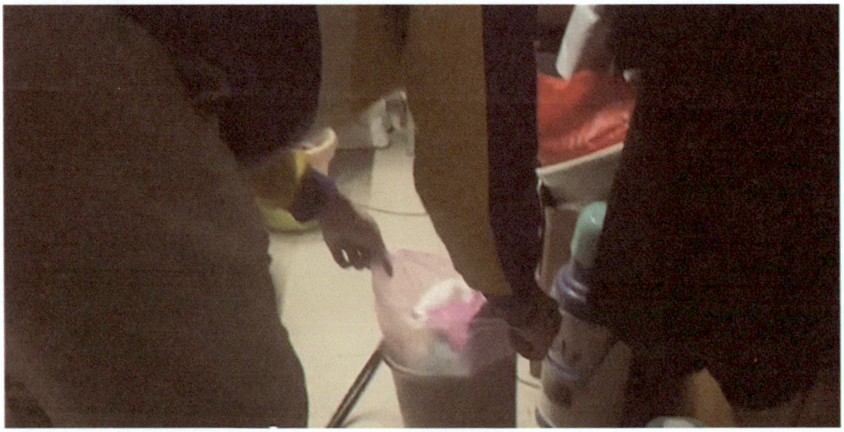

劳动者才是最美的人

（视频二维码）

创意小品：遇见更好的自己

罗绿林　张康　王鑫　常旭斌　桑亚昕　范宇璇
程佳宇　田宇皓　张东焰　赵晨
土木 1902 班

简介：在本次劳动作品征集活动中，我们从自身学习生活出发，点面结合，以小见大，希望通过对考研形势的探索以及自身体验向身边同学传递一种合适的处理方法——我们应如何站稳脚跟，去遇见更好的自己！

临近期末，奋战到深夜

临近期末，还有人沉迷于游戏中

一样的环境，不一样的收获

成绩出来，几家欢喜几家愁

（视频二维码）

进击的土豆

周巍　吴锦辉　张博渊　王雪锋
智能 1901 班

简介：新时代的大学生不应该仅仅局限于书本，局限于理论，局限于课堂，我们必须要走出学堂，利用自己所学的理论深入实践。

食物是我们生活中必不可少的东西，我们理应去熟悉它，知道它的营养成分和做法。而土豆，它产量高、营养丰富、易种植，已成为餐桌上极其常见的食物，它也可以被做成薯片、薯条等。现在，我们就去尝试种植土豆，去体验农民伯伯的辛劳，去享受劳动带给我们的快乐，去感受收获带给我们的喜悦。

其貌不扬的土豆

土豆的全球化传播才 400 多年

小土豆撑起脱贫致富大产业

（视频二维码）

创意朗诵：关于我们劳动这件事

王泰然　李瑞龙　单嘉乐　薛涵天　孔基钰　林自强
行管 1901 班

简介：艰苦朴素、热爱劳动一直都是中华民族的传统美德，作为新时代的青少年，劳动教育必不可少。

我们要做的不仅仅是学习文化知识，还应该参加日常的生活、生产、服务性劳动，锻炼自己德智体美劳全方面发展。牢固树立劳动最光荣、尊重劳动者、勤俭、奉献的观念。我们在学校生活中的劳动周和生产实习等都是积极的、有意义的劳动教育。

（视频二维码）

创意小品：我想……这样吃

袁正昌　申奥　央吉　徐平　杨震　曾地根　张嘉欣
营销 1902 班

简介：本次活动通过短视频的形式，再现了团队聚餐时发生的浪费粮食的现象，并借网络热搜“袁花花还在等袁爷爷回家”

的形式，通过袁花花对袁爷爷的感情引发对袁隆平院士的回忆，进而引发反思，获得成长。本视频讲述了节约粮食，要从每一餐抓起，从大学食堂和各个单位食堂抓起，树立合理的饮食观念，营造浪费可耻、节约为荣的氛围，弘扬勤俭节约的传统美德，杜绝“餐桌上的浪费”！勤俭节约是中华民族的传统美德，更何况粮食来之不易，我们理应倍加珍惜。

赛后庆祝

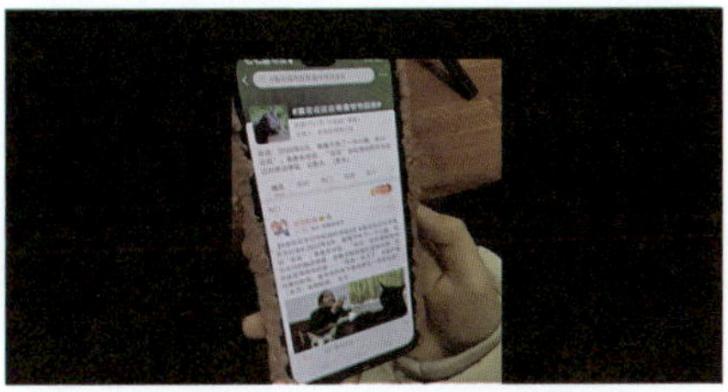

有关袁隆平先生的新闻

光盘行动

（视频二维码）

创意小品：劳动最光荣

闫晓艳　邢雅玢　段利红　周佳钰
王梦园　黄子谦　邵宇豪　甘石
英语 1902 班

简介：我们组的作品是小品《最美劳动者》，此作品围绕农民工进城这一问题和生活实际中的现象来引起人们的思考。

作品共 3 部分，第一部分讲述了两位农民工进城，第二部分是公交车上发生的社会现象，第三部分总结并升华主题。作品讲述了两位农民工在进城务工坐公交车时对不文明行为的看法与自我要求的故事。他们从农村来到城市，靠着自己的双手赚钱生活；他们从农村来到城市，为了自己的梦想而拼搏；他们从农村来到城市，为这个社会做出贡献。城市的每一个角落都有他们的身影，城市的每一寸土地都离不开他们。可是，在社会中，还是有

一些看不起农民工，对农民工不尊重的人。

每个人都应该被尊重，每份职业都应该被平等对待，“劳动最光荣”，农民工值得我们每一个人尊重，他们的精神值得我们每一个人学习，他们为这个社会做出了巨大的贡献，理应得到尊重。

工地上班的两人碰面

公交车见闻

大爷现场教育

劳动最光荣

（视频二维码）

高效学习

——基于大数据可视化的智慧学习系统

苏娜　阴元元　柏雅茹　赵嘉琪
软件 1919 班

简介：新型冠状病毒的流行改变了我们生活的方方面面，教育也是其中之一。目前，全国学校的各个学段都开设了网络课程，在线教育成了全国性的热门话题。随着疫情的发展，国外的各大高校也都开启了在线教学模式。基于此，本小组将通过劳动周以及与专业课相关的实训和实验进行劳动实践。

本小组将主要设计一个学习记录的可视化系统，通过可视化的方式呈现学习的进度、学习时长等数据信息。并且，该系统是一个学习的“乐园”，拥有纯净的学习环境，在这里可以实现高效率、快乐地学习，从而提升学习质量。与此同时，系统还实现了开启视频自习、进行计时学习、生成个人学习记录、在评论区进行讨论等功能。本小组主要对该系统的可视化功能以及界面进行设计。基于本学期的学习课程“大数据可视化”，我们将着重进行可视化的实现部分。对于每一部分的功能，将基于软件工程生命周期中软件开发的结构化设计以及相关知识进行设计，并尝试通过编码进行实现。

（视频二维码）

智慧农业一体化小车

高嘉伟　袁沐也　裴浩　徐晨凯　刘道荣　王九潭
软件 1921 班

简介：近年来，随着机器人、机械、电子、计算机、人工智能、大数据云计算、传感检测等相关学科的不断进步，研究和开发能够代替人类进行智慧种植、精准灌溉、双机械臂配合行动、自主完成多方位定点种植的承载式智能机器人，正在成为机器人领域的一个热点，并在科学探索、田地作业、农林业开发、地质勘探等领域展示了潜在的应用前景。

进入 21 世纪以后，新型多功能农业机器人得到日益广泛地应用，智能化机器人也会在广阔的田野上越来越多地代替人工完成各种农活，第二次农业革命将深入发展。区别于工业机器人，这是一种新型多功能农业机械。农业机器人的广泛应用，改变了传统的农业劳动方式，提高了农民的劳动力，促进了现代农业的发展。

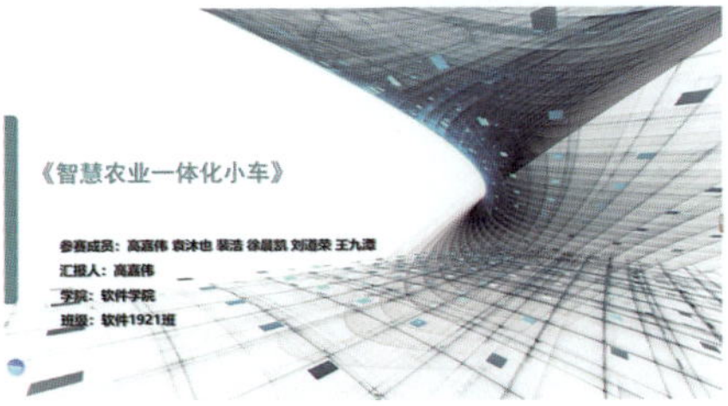

分工介绍

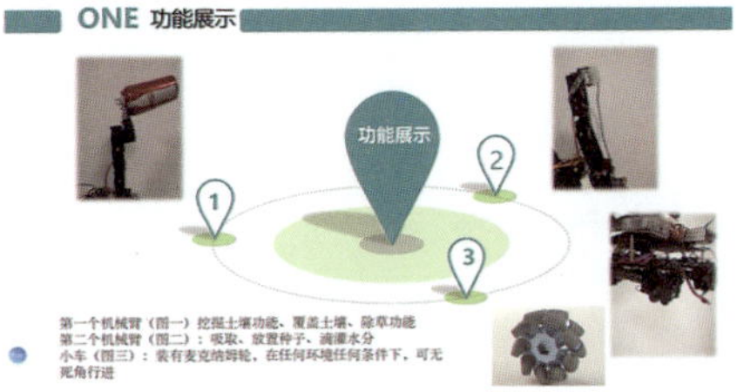

功能展示

未来展望

（视频二维码）

山莓艺创

赵逸飞　孙达　李帅　邢郑子通　任乙鑫　秦如鑫
数媒 1901 班

简介：随着我国文化产业的高速发展与人均收入的不断增加，人们从对物质生活的追求日益转变为对精神文化生活的追求。就新时代的大学生来讲，随着对中国文化底蕴的了解越来越深，专属文化就无异于成了新时代的潮流。

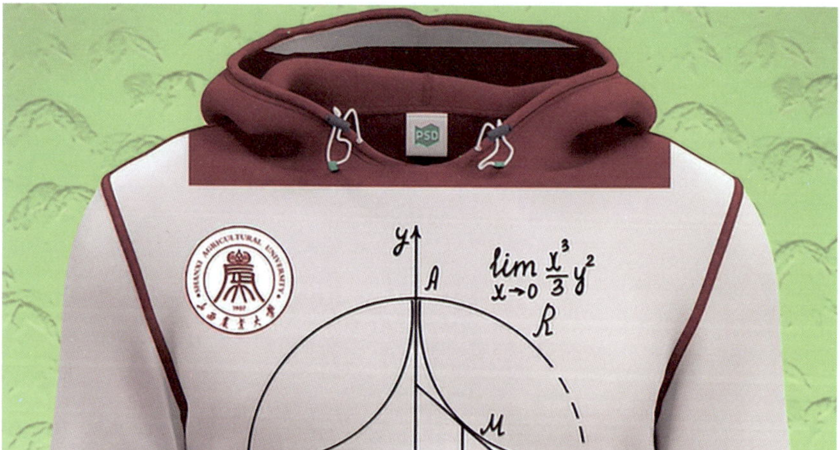

本项目作为一个“线上+线下”模式的融合，以数媒设计师依托全国高校特色有针对性地设计图案、纹样等，赋予文化新的生命，使专属文化以更加丰富、精彩、生动、鲜活的方式展示给社会公众。线上小程序，以文创商店的形式展示给公众，销售文化衍生品并传播其内涵，在推广产品的同时起到文化宣传作用。

下一步还会在线上开直播推广自己的产品，述说每一件产品背后的文化内涵。线下，将在高校跳蚤市场展示文创产品，寻求校外门店合作，进行产品推广。

主要产品以国潮等新时代艺术为出发点，针对不同专业、不同学院、不同院校设计专属图案，为大学生设计专属个性的服饰，设计和订制一系列卫衣、短袖，以及马克杯、勋章、班服、舍服等，不再以名牌为标准，而是以个性化为潮流，体现东方传统文化魅力。

此次活动一方面凝结了团队成员脚踏实地的精神，另一方面让每一个人都真正参与到弘扬中华传统文化当中去，弘扬社会主义核心价值观，以自身微薄的力量为共产主义事业添砖加瓦。

（视频二维码）

园林景观营造

张建杰　石梓璇　宋明星　张紫茹
戴佳轩　侯顺翔　秦思斯　王盈盈
景观 1902 班

简介：我们组以专业课为依托，以劳动服务为宗旨，通过郁博园的设计来进行专业的生产劳动。以“郁金香”为设计立意，郁金香的花语是博爱、体贴、高雅、富贵、聪颖、善良。我们的设计理念主要围绕博爱、体贴进行，紧密结合经济社会发展变化和学生生活实际，让师生感到无微不至的温暖。

此方案通过对场地的现场勘测分析，对植物进行合理分类规划，以康养交流区、植物体验区、五感疗愈区等为主要分区，结合园林小品、建筑、水系营造符合校园生活的园林景观，为广大

师生提供休闲活动的空间，呼吁人们走出室内，对户外舒适环境进行探寻和创造。

实施过程：（1）前期实地考察，现状分析；（2）初步手绘定稿；（3）植物园林小品配置；（4）电脑制图；（5）完成方案。此次校园局部景观营造活动不仅让我们在生活的校园中实现自己的设计作品，还加强了我们爱校如家的主人翁精神，使我们感受到“劳动创造幸福，劳动创造美好生活”的真谛。

郁博园

郁金香

细节设计

成果展示

（视频二维码）

落叶的再利用

藏艳艳　马博阳　申钰珠　牛庆宇　李昀娟

软件 1921 班

简介：秋的步伐已经临近，又到落叶纷飞时。据统计，树叶和院子里的碎草，占了城市垃圾的 18%以上，特别是秋季，竟然占了 60%。大多数人会把落叶直接送进垃圾桶，但也有一少部分人发现了落叶的妙用，将落叶变成了提高土壤肥力的好帮手，拥有了天然的优质肥料。

落叶满地

校园遍地秋叶

落叶创意用途一

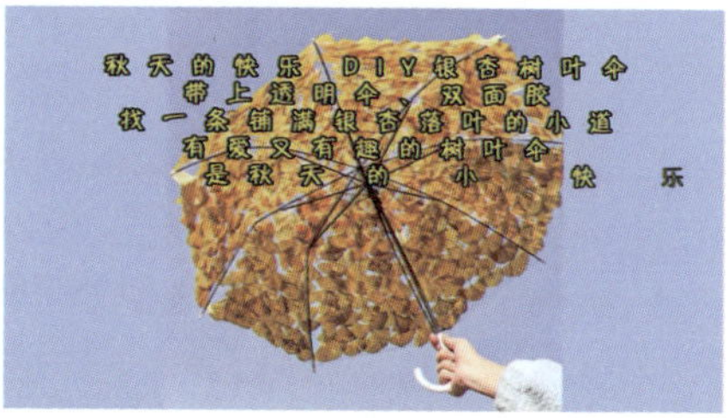

落叶创意用途二

（视频二维码）

校园交通调查实践

吴剑豪　王思翔　韩拼搏　白帆　郭志杰　金昱暄
城规 1902 班

简介：本视频呈现了一次校园内交通调查的实践过程。

开展会议

展开调查

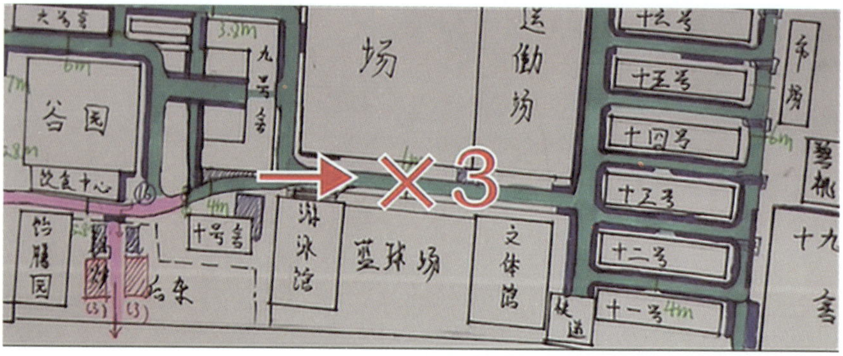

路段分析

（视频二维码）

创意舞蹈：劳动最光荣

李惠颖　任子朝　李姝漾　张佳欣　张若妍　柴文瑄
经管1904班

简介：作品以视频形式为大家呈现劳动的过程，内容包括我们在劳动周进行的各项活动，以及活动期间同学们的分工合作和劳动中的感悟心得。经过劳动周的锻炼，同学们意识到了劳动的艰苦与不易。劳动周固然是辛苦的，但同学们在劳动中发扬出来的乐观积极的精神却是非常难能可贵的。劳动周不仅锻炼了我们的身心，更增进了彼此间的情意，加深了相互之间的了解，也让我们知道了后勤阿姨每一天的辛劳，对校园环境多了一份认识及责任。

（视频二维码）

创意绘画：汗水铸就未来

李润　陈逸非　卫承禹　闫珑鑫
数媒 1902 班

简介：汗水铸就未来，如今的一切都是无数代人通过汗水换来的。劳动是光荣的，我们应该更加努力，打造更好的未来。

（视频二维码）

太原市迎泽公园西门改造

王一帆
园林 1901 班

简介：利用园林建筑设计的专业知识，针对山西省太原市迎泽公园西门现状进行改造。

（视频二维码）

助力垃圾分类　创造劳动价值

樊乐翔　李梦菲　桑晋慧　李凯
智能 1901 班

简介：垃圾分类，看似是微不足道的小事，实则关系到 14 亿多人生活环境的改善，理应大力提倡。首先，我们学习了怎样进行垃圾分类处理。通过学习，我们深刻感受到如果垃圾放错位置，会浪费很多资源。然后，我们结合实际情况和所学的专业知识，基于人工智能技术中的深度学习技术建立了分类模型，完成对垃圾的智能分类。

智能垃圾分类设备采取“互联网+智能分类回收”模式，旨在通过全新技术实现垃圾分类，降低劳动成本，缓解环境问题压力。将垃圾分类融入劳动中，着力培养同学们正确的劳动价值观和良好的劳动品质，提升同学们的环境保护意识，引导同学们自觉养成参与劳动的习惯。

（视频二维码）

一棵树引发的“饲料革命”

张儒慧　孙文田　成圆圆　李彩旗
动科 1903 班

简介：有这样一棵树，既能改善生态环境，又可以变成畜禽的新型饲料，还能帮助贫困户实现增收。说到树，树叶里有什么呢？原来树叶富含养分，含有 2 倍于畜粪的矿物质。树木就像一个巨大的营养抽取机，用它那强大的根系，从地下抽取氮、磷、钾，通过树干把营养供给树叶，树叶通过光合作用又制造营养。所以，树的营养大部分都在树叶中。

落叶是秋天的馈赠，大自然的恩赐！而这么好的东西，大都被当作垃圾扔掉了。据统计，树叶和院子里的碎草，占了城市垃圾的18%以上，特别是秋季，竟然占了60%。在深秋的季节，树叶落满了农大校园，劳动周的时候，我们的主要任务就是清理树叶，被清理的树叶并不是被扔进了垃圾堆，而是被养猪农户作为饲料原料进行回收，降低生产成本，增加收入。

（视频二维码）

志愿服务劳动教育

乡村振兴背景下的基层治理

薛可颖　刘珂菁

城规1902班

简介：2015年3月，我国首次提出“互联网+”行动计划，此后，许许多多的“互联网+”项目应运而生。“互联网+”利用互联网平台，利用信息通信技术，把互联网和包括传统行业在内的各行各业结合起来，在新的领域创造一种新的生态。

农业看起来离互联网很远，但“互联网+农产品”的潜力却是巨大的，互联网的发展为农产品插上了腾飞的翅膀。在农业产业化的重点布局下，看起来很“土”的农产品乘势站上了“互联网+”的风口，带着泥土的清香，借助互联网等现代信息技术出现在大众视野。尤其是在新冠疫情当下，“互联网+农产品”发挥出了巨大的作用。互联网有效地打通了信息的闭塞，农户的农产品通过互联网平台，走进了千家万户。

我们选择小组成员较为熟悉的家乡农产品——万荣县苹果作为研究对象，首先进行资料查询、问卷调查，做好前期准备工作，进而与当地果农联系，了解原产地状况及苹果销售情况。了解产品的特性之后，对农产品进行模拟直播带货，通过直播宣传、外包装设计、售后保障等一系列销售手段，帮助农民实现脱贫致富。

思想湖旁绽放梦想的思绪

知农爱农，助力农业扬帆起航

校内实践，知识和实际相结合

（视频二维码）

心物随行　温暖寒冬

许嘉仪　张伟　姬语洋　宋建钢　于凯欣　邢云锋　董佳欣
土木 1902 班

简介：献一片爱心，送一份温暖！随着经济社会的发展，生活水平不断地提高，很多大学生都存积了不少闲置的旧衣物，将这些旧衣物作为不可回收利用的普通垃圾处理掉是对资源的浪费，所以我们将旧衣物捐赠给敬老院的老人们，为他们的冬天送去温暖。

我们本次去看望福康老年公寓的爷爷奶奶，在赠送衣物的同时替他们打扫卫生，陪伴他们，给他们带去欢乐，让这个冬天不再那么寒冷。一滴水能映照太阳的光辉，无数颗爱心便能温暖整个世界。捐出一件衣物，献出一点爱心，送出一份温暖，世界会因为我们的善举变得更加光明，爱的种子即使在冬天依旧能让人感受到爱的芬芳。

我们小组成员一直注重志愿服务活动对学生思想道德教育的影响，不断拓宽志愿服务活动的内容，将专项志愿服务活动与常态志愿服务活动相结合，持续营造良好的大学生志愿服务氛围，同时将志愿服务与劳动相结合，将雷锋精神渗透到学生思想道德建设、文明行为习惯养成、校园文化建设、专业文化课程学习、实践实训等各个方面。

孤独老人

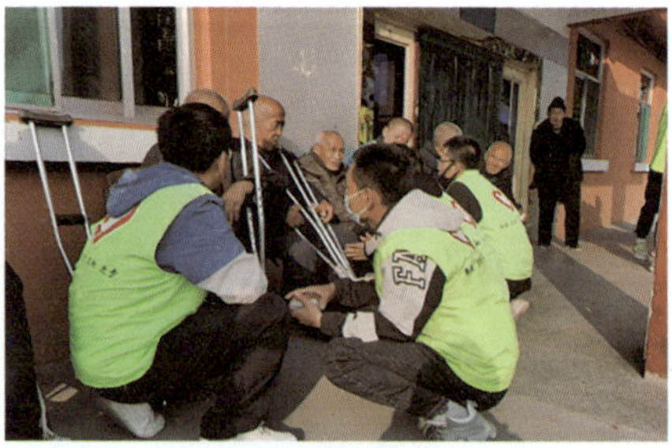

老有所爱，老有所乐

（视频二维码）

脱贫攻坚　美好生活在自己手中

迟凤廷　成睿　陈世豪　许瑞杰　杨昊乾　杨鹏　郭迎新　郑泽宇
水利 1902 班

简介：文艺是时代的号角，最能代表一个时代的风貌，最能引领一个时代的风气。我们小组以脱贫攻坚为主题创作了本作品，作品介绍脱贫攻坚的内容和过程，展现脱贫攻坚的不易，以及我们对于顺利完成脱贫工作的祝福。

小品反映生活

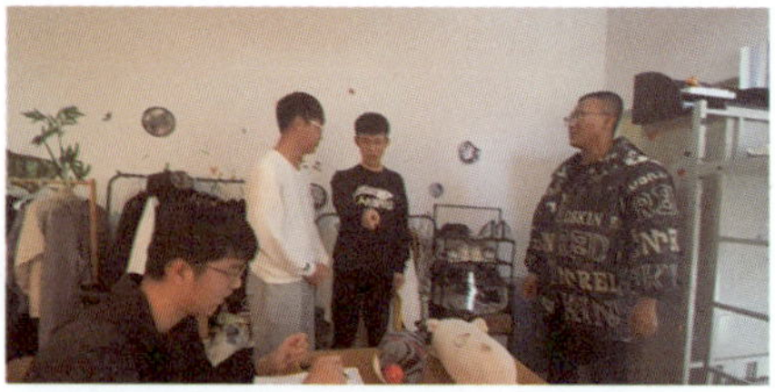

文艺是时代的号角

时刻保持干净整洁的宿舍

（视频二维码）

以学促农　助力家乡

孙佳茹　柴午梅　刘欣怡　侯瑞欢　李静　杨配瑶
英语 1901 班

简介：受到自然灾害及新冠肺炎疫情的影响，导致农民的水果卖不出去，但是两位农民却很机智，巧妙地将自己的故事改编为一首诗，于是吸引了很多人来买他们家的水果。本作品以这个真实的故事为背景，讲述了大学生帮助农民销售滞销水果的故事。一位大学生听说农民的水果滞销，便尽力用自己的专业知识和现代科学技术帮助农民卖掉积压的水果，采用线上线下相结合的方式，将水果推广至网络购物平台。几位大学生通过自己的努力，帮助了家乡的乡亲们！

农民的水果

组织劳动实践课

展开讨论齐助力

线上推广

（视频二维码）

精准扶贫　爱心同行

何钰洁　梁硕　焦爱玲　李泓颖　张轩　孙鑫
行管 1902 班

简介：组内成员对自己的志愿服务劳动经历进行阐述，希望更多的同学加入社会实践活动，抓住机遇，锻炼自我，服务社会，致力于扶贫工作。

作品内容分为 3 部分：(1) 暑期参与社会实践调研的同学介绍家乡在脱贫攻坚、乡村振兴方面的变化，以及自己将来毕业后准备如何为家乡做出贡献；(2) 在淘宝平台上进行过“助农直播”的同学，讲述在直播中带货的产品以及直播的感受，为山西省农产品的推广提供力所能及的支持；(3) 在第七届中国（山西）特色农产品交易博览会上，作为山西农业大学志愿者的同学，讲述志愿服务经历，并对“推进乡村振兴，助力脱贫攻坚，坚持绿色发展，唱响山西品牌”的农博会主题进行深入的思考。

在自己的家乡进行暑期调研

助农直播

志愿服务

收获满满

（视频二维码）

学法以明道　用法以立身

李润生　庞旭升　冯涛颖　段晋英　苏学谦　王娇
软件 1920 班

简介：法制宣传教育是提高全民素质，推进依法治国的基本方略，是建设社会主义法治国家的一项基础性工作。在我们的身边，很多时候都存在“不知法、不懂法”的情况，有些行为我们可能并不自知，但其实已经涉及“法律”的问题。所以在此次活动中，我们以“普法宣传”为主题进行了志愿劳动活动，以发传单等形式向周边同学普及一些法律方面的知识。在此次志愿劳动活动中，我们对同学们生活中遇到的很多问题进行总结，并积极上网查阅相关资料，设计、印刷、发放宣传单。

宪法宣传

深入普及活动

向校园生活者普及法律知识

(视频二维码)

石头村变形记

杨璐嫚　周丹玲　任文丽　耿灏樱　樊璐洁　马沁
法学 1902 班

简介：本作品的亮点在于聚焦山西省太原市店头古堡这一原生态的文化村落，挖掘其文化内涵，研究如何让古村落在保证原汁原味的同时，得到更好地维护和开发。

作品包含了有关店头古堡的视频素材和照片素材，分成 3 部分，第一部分介绍古村落的基本情况，第二部分介绍古村落的问题和现状，第三部分介绍如何解决遇到的问题，提出保护和发展策略。通过研究古村落的保护和开发，探究古村落的生存发展，我们希望激发古村落的发展活力，促进古村落资源优势的转化，建立古村落可持续发展的动力机制，共同构建美丽乡村。

历史古建筑

窑洞

生态古村落

保护与传承

(视频二维码)

艺美乡村　绘梦中国

王智德　张龙　韩宇非
软件 1907 班

简介：经过与村干部的交流，我们明确了实践队员们需要完成两座立体墙的墙绘任务。在指导教师张磊的指导下，队员们结合乡村特色和文化宣传要点，注入庆祝建党百年元素，精心策划，用心设计，最终确定了墙绘内容，分别是“建党百年共创辉煌，乡村振兴不负众望”和“请党放心，强国有我”。队员们在完成初稿设计后，分组合作，明确分工，先用粉笔在两座墙上勾勒出清晰的轮廓，随后仔细调色上色。经过队员们的仔细涂抹粉刷，原先单调的白墙变得立体丰富，村容村貌焕然一新。

烈日里，实践队员们克服高温酷暑和蚊虫叮咬等困难，热情满满地完成了集体墙绘工作，真正发扬了不怕苦、肯吃苦、吃得苦的奋斗精神，赢得了当地村民的一致认可。一墙一主题，一墙一阵地。美观大方的文化墙吸引了诸多村民驻足欣赏，队员们也纷纷向他们介绍两幅墙绘的主题和寓意，致力让墙绘变成助力乡村振兴的“发言人”，为解原村文化艺术工作注入活力。

百年接力，强国有我。此次墙绘活动，促使同学们将专业知识和学习成果转化成为服务乡村、服务人民的实践行动，为新时代美丽乡村建设贡献青春汗水，突出了软件学院实践育人的成效，彰显了软件师生的社会责任，增强了软件学子服务社会、奉献社会的使命和担当。

准备工作开始

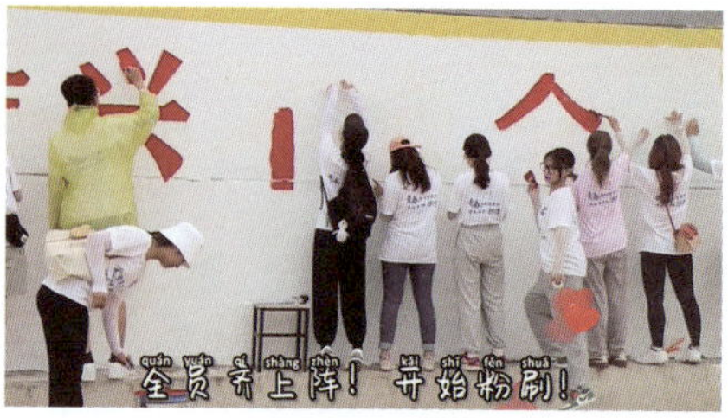

绘画墙面一

绘画墙面二

强国有我——合影留念

（视频二维码）

疫情志愿者服务的一天

郭腾月　薛雅樾　秦浩然　胡昊宇

王霞　崔夏鸣　闫珂琦　任雨晴

软件 1911 班

简介：新冠疫情当前，全国齐心抗击。我们小组通过记录生活点滴，汇集生活、志愿热情，积极弘扬正能量，以理性平和、积极乐观的心态，展现青春力量，传递青春温暖。

世事无常，一场突如其来的疫情打乱了我们原本正常的生活，让我们见证了太多的无情与残酷。但是，疫情可以改变我们的生活方式，却改变不了我们对生活的态度。我们十分庆幸生在华夏，能以最快的速度顺利渡过难关，让我们这么快就可以安心外出。身为一名软件学子，我们应怀揣梦想，保有对美好生活的向往，把握当下，享受属于自己的生活。

（视频二维码）

“走进法律”普法宣传

刘欣昉　王欢　赵三红
营销 1901 班

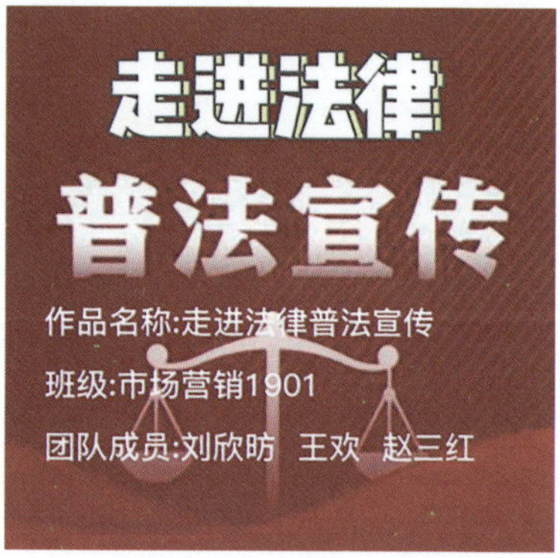

简介：大学生与社会初步接轨，刚刚面向社会，他们的法律法治观念仍处于较为薄弱的阶段，面对违法行为时，他们可能难以运用法律的武器去保障自己的合法权益，所以树立法律法治观念对大学生来说是必不可少的。为提高大学生对法律观念的重视，增强其法律意识，让他们在面对犯罪时能切实地运用法律去维护自己，保护自己，我们特地开展了“走进法律”普法宣传，以街头采访的方式了解大学生的法律意识，增强他们的法治观念。

（视频二维码）

劳动法宣传

郝禹彤　刘晶　白江平　程玥
数媒 1902 班

简介：运用 MG 动画与视频剪辑相结合的方式进行普法宣传，向大家宣传法律的重要性。本动画向大家介绍大学生在假期外出打工时遇到权益纠纷的时候，应该如何运用法律武器保护自己的合法权益。此外，通过 MG 动画，运用一种全新的方式，向大家介绍普法宣传的相关知识，吸引大家的眼球，从而让大家知法守法，用法律保护自己的合法权益。

越来越多的大学生假期兼职

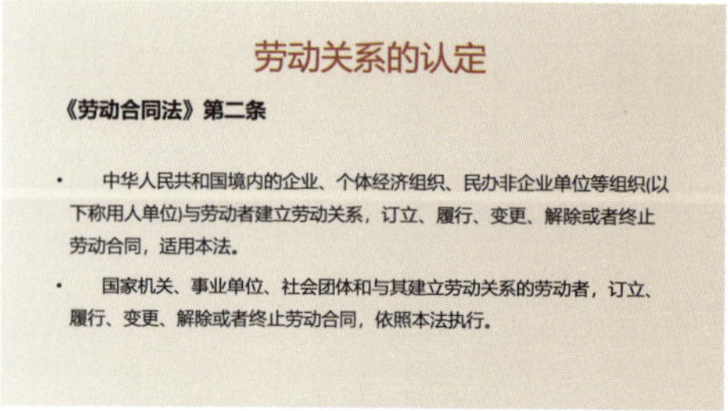

学习相关法律知识

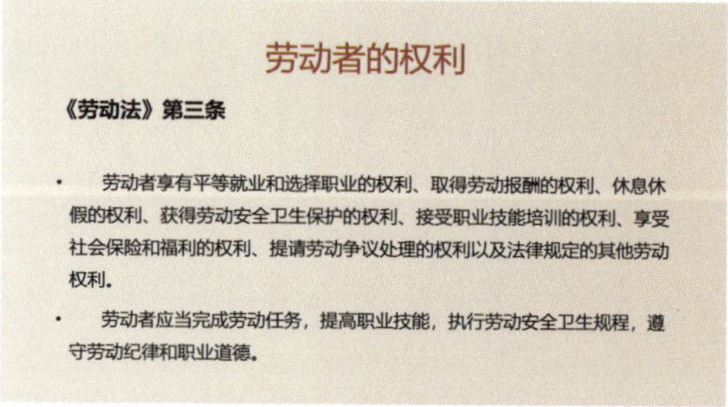

知道劳动者的权利

（视频二维码）

修德正身　传爱惠人

孟永康　杜梓彤　王豫　郭振鹏　许伟　闫瑗　武奕彤
经管 1901 班

简介： 7 位成员通过分享各自的志愿活动经历及心得体会，鼓励大家积极参加志愿服务，为社会奉献。作品贴近生活，制作精良，内容丰富，积极向上，希望大家喜欢，并把志愿精神传递下去！

让文化在校园重放光彩

传递正能量

学校思读厅

（视频二维码）

“走进乡村　关爱老人和儿童”志愿者活动

韩东亮　张晓伟　李凯晨
城规 1901 班

简介：（1）我们准备多个文化故事，在小学操场或者广场上，给同学们讲述文化故事，传播老一辈革命家的爱国精神，展现他们不屈不挠、铮铮铁骨的“硬汉”形象。（2）我们联系敬老院相关人员，到敬老院为老人送去慰问与关怀，并为其整理内务。

此次活动的意义：进一步培育和践行社会主义核心价值观，同时丰富学生的课外活动，以身作则，激励当代学生。

与老人交谈

组织小朋友们做游戏

关爱儿童

（视频二维码）

我的家乡

李伟康
国贸1901班

简介：我的家乡浙江省台州市杜桥镇是一座历史悠久且美丽的乡镇。在我早年的记忆里，杜桥还存在着不少穷苦的面貌，但近几年里，杜桥却发生了天翻地覆的变化。本作品主要展示杜桥从过去到现在的变化，以及我未来想为家乡所做的事。

（视频二维码）

劳动在心　志愿前行

童书浩　熊春桦　何忻雨　李诗琦
大数据 1901 班

简介：志愿服务是社会文明进步的重要标志，是培育和践行社会主义核心价值观的有效载体。我院高度重视志愿服务工作，强调要大力弘扬奉献、友爱、互助、进步的志愿精神。在本次劳动教育活动中，我们小组一方面响应国家号召积极参加校内和社会上的志愿活动，继续发扬劳动最光荣的精神；另一方面通过实地劳动体验劳动人民的艰辛，从而珍惜当下来之不易的学习生活。

在这次活动中，我们小组采用拍摄 Vlog 的形式记录劳动的过程，再将视频进行剪辑加工，强化宣传效果。然后，根据志愿劳

动服务的经历对活动进行总结反思。最后，提交相关材料圆满完成活动。素材主要来自我们在高校和附近扶贫小学的志愿劳动视频，该作品既可在高校宣传志愿劳动精神，又可在小学进行劳动思想教育。

（视频二维码）

党的故事我来讲

郝柳兰　白佳淇　张靖冉　王紫萱
软件 1913 班

简介：2021 年是建党 100 周年，为了让少先队员们进一步了解党的光辉历史，感悟党的初心使命，软件学院学生志愿者前往山西农大附小开展宣讲活动。宣讲活动以党的百年峥嵘历史为主题，运用多媒体技术营造学习环境，讲述党史故事，弘扬红色精神，传承革命薪火。

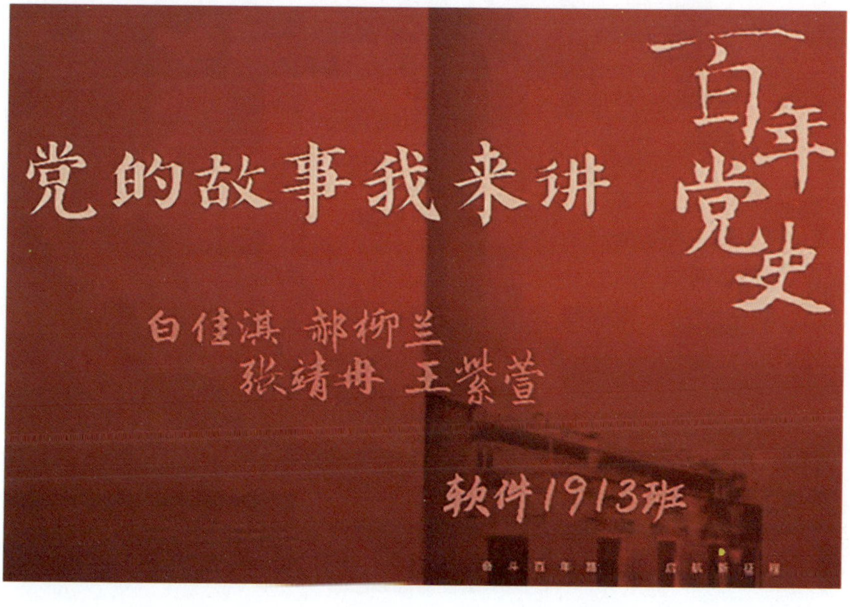

（视频二维码）

日常生活劳动教育

我们的日常生活与劳动

王浩宇　刘德智　方泽成　吴贤　谢刚　刘权辉
水利 1902 班

简介：作品从日常学习和日常生活等方面，真实还原大学生日常生活劳动，充分展现丰富的校园生活。我们在日常劳动中感受劳动的魅力，学习新知识，体会新感悟，把大学学习生活过得更加丰富多彩。

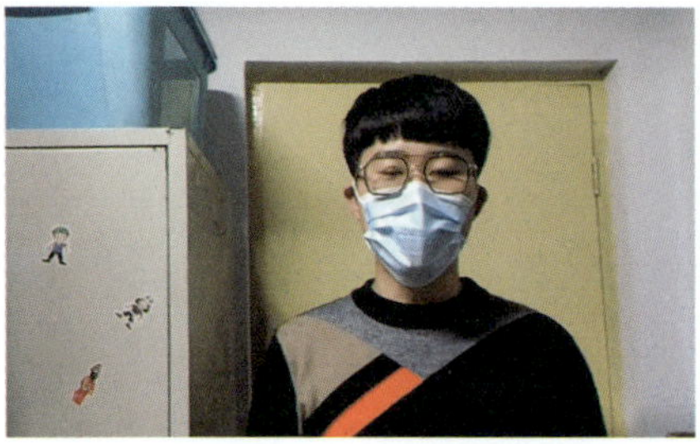

勤劳朴实是中华民族的传统美德

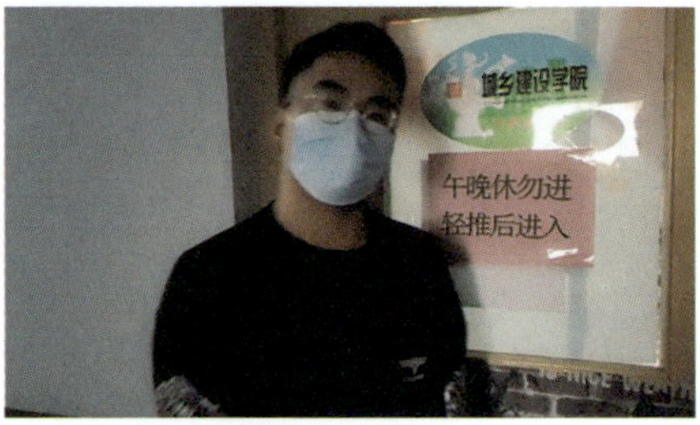

宿舍是我们的第二个家

学校谷园一楼

（视频二维码）

种子主题餐厅

张琴芝　马楚淦　徐长进　于心茹
土木 1901 班

简介：谷园餐厅是山西农业大学最大的餐厅，可容纳近万人就餐。为给师生提供更优美舒适的环境、品类更多的饭菜、更优质贴心的服务，学校在 2021 年暑假期间紧张施工，完成了对谷园餐厅的升级改造。2021 年 8 月 28 日，暑假结束返校，我们就迫不及待地参观了焕然一新的谷园餐厅，并在里面吃了开学第一餐。来就餐的师生们发现，新餐厅在保证伙食供应的基础上，新增了全国各地的特色小吃，饭菜的价格却依然维持不变。一餐一饮事虽小，却令师生们的幸福感和归属感油然而生。

脑子、肚子都要吃饱

大槐树情节

（视频二维码）

劳动法科普

李治民　姚睿娇　张以柯　冯乾乾　李文英　高佳乐
景观1901班

简介：本作品以视频短片的形式对同学们进行劳动法相关科普教育。大学生毕业后，初次步入社会，应当了解更多的法律知识来保障自己的合法权益。该短片通过讲述景观毕业生小乾被一家设计公司录取后发生的一些事以及她的应对方法，来进行劳动法的科普。希望通过该短片可以使更多人对劳动法的了解更进一步。

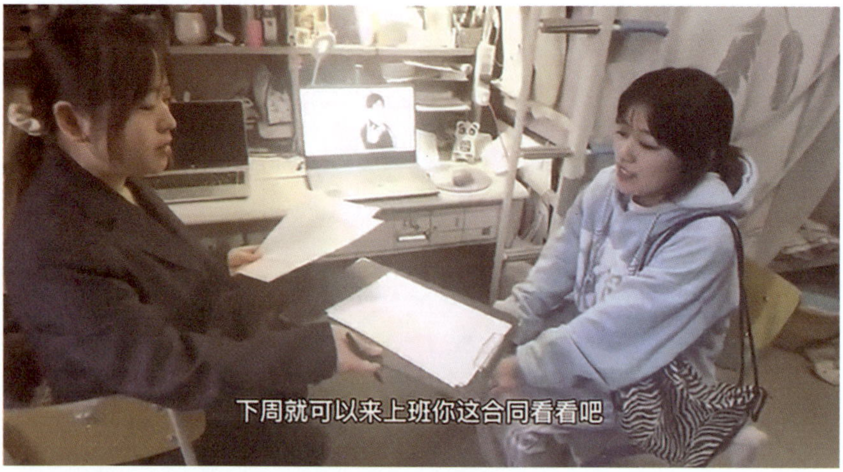

事件初始：找到工作

小乾发现被骗

（视频二维码）

农大风貌

杜诗媛　高航
数媒 1902 班

简介：开展劳动活动可以让学生的身心更健康。我们小组通过拍摄视频并剪辑的方式，在记录日常生活中劳动情况的同时，将校园风貌直观地展现出来，使观众能更加方便地了解校园风貌，并且对同学们起到正能量的督促作用。

山西农业大学西校门

绿化一角

勤耕园

（视频二维码）

骄傲的少年

李歆格　糜昕宇
风景1901班

简介：大学是一场盛大的相遇，九月份是停靠站，一年一年有新的足迹，大学是这些足迹的主人们象牙塔般的泊港。原来，一切的相遇都浪漫，桃李竞芳春满园，英才炫酷妙华年，我们见证了草木花树的四季轮回，我们以青春之名，续写时代华章，体验劳动生活。学习耕读文化，耕为本务，读可荣身，传承耕读精神，绽放绚丽之花，百年守正创新，劳动花开满园，我们是骄傲的少年！

劳动周

勤学楼

在篮球场展风采

（视频二维码）

不负韶华　劳动见证成长

陈岳岩　秦旋　孙瑜婕　金铭　张晓婧　李玉恒　韩少钦
水保 1901 班

简介： 劳动是人在自然中的修行与学习，是在学习中不断成就自我的过程。劳动有助于改掉学生懒惰的毛病，养成整洁的习惯。参与劳动实践，健全素质教育，积累社会经验，树立劳动意识，树立职业观念，奠定就业基础。本作品记录了水保 1901 班为期 1 周的劳动周点滴以及一些同学的感悟。

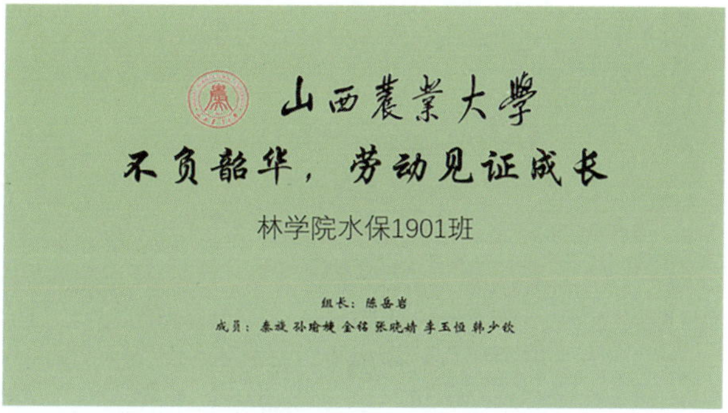

学生谈劳动周感想

劳动课管理人员谈感想

学生劳动

（视频二维码）

不一样的大学生活

田博雅　曾韵婷　丰圣恬　郎姣姣
动科 1901 班

简介：为期 1 周的劳动周结束了，然而在我的心里它已经成为我大学期间十分珍贵的一段快乐时光。如果有人问我大学里的劳动周是什么概念，我会语重心长地告诉他，这不仅仅是一次劳动，更是同学们对大学的一份发自内心的感恩。

此次劳动周，我和几名同学被安排到学校北院，我们每一天从事的都是扫地一类简单的劳动。然而，乍看起来并不多的劳动却往往需要 1 个多小时才能完成，稍事休息片刻后我们才渐渐发觉麻木的肢体上传来的酸痛。在此之前，我们从未想象过，每天都要接触到的角落能够隐藏如此多的灰尘，清洁那些我们每天上下楼的必经之路原来需要这么辛苦。大三的我们对这校园中的一草一木都是如此熟悉，却因为早已习惯而从未发觉自己每一天所处的洁净环境中蕴藏的关爱与辛劳。

当我真正参与到劳动中才发现劳动周带给我的远远不止这些。打扫卫生、拖地板，这些看起来不起眼的事，想做好却并不容易。

要服从老师的安排，还要和其他同学分工合作，这就需要有团队精神、集体观念，不能拈轻怕重。劳动周已经结束，然而我们在这1周劳动中收获的欢乐、友情以及经验都是最为珍贵的财富。

劳动周初印象

实际感受

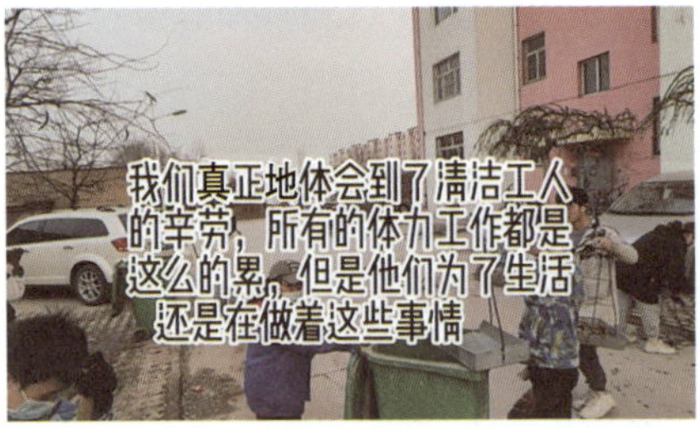

我们的体会

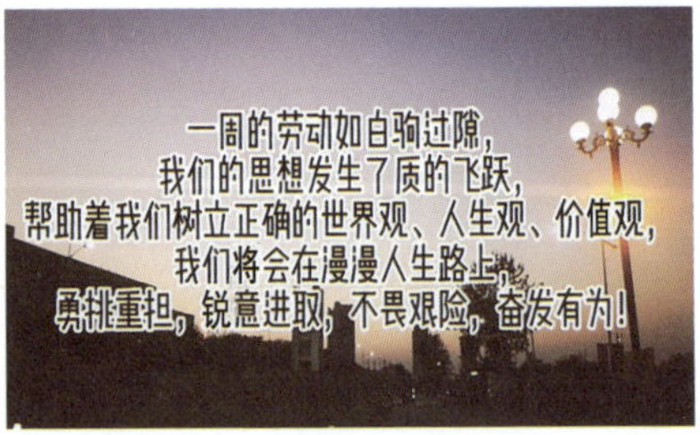

心得感受

（视频二维码）

农大印象

陈思彤　牛泽鹏　李睿
经管1902班

简介：在你的心中，山西农业大学是什么样子的呢？是历史悠久的百年名校？是追求真理的科学之地？你可曾好奇，她在我们农大学子的心中又是何模样？来吧，请跟随我们的步伐，来看看这块属于我们自己心中的秘密花园。

说到百年名校，山西农业大学是充满青春与活力的。无论是小操场上踢球的人们还是勤学楼里面忙碌的学子，他们都代表着这所学校新的血液与青春的力量。古老与年轻在这所学校交融了，她拥有着拥抱未来的活力。早晨8点的勤学楼阳光正好，我们在拍摄时，隐隐约约还能听见萦绕在上空的琅琅书声。矗立在黄土地上的她，正在用这种属于她自己的方式，望向未来。

农大古建筑之一——韩氏楼

孟家花园

勤学楼

牌楼

（视频二维码）

劳动是一切幸福的源泉

包涵　侯俊丽　吴玉佩　张丽源　何佳楠
发展 1901 班

简介：劳动是一切幸福的源泉，为了营造一个良好舒适的学习生活环境，保洁工作人员每天都在付出劳动。通过参加本次劳动实践活动，我们知道了劳动的重要性和劳动的不易。本作品分为 2 部分。第一部分，跟随我们的镜头一同走过我们负责打扫的区域。在本次劳动实践活动中，我们一起进行了教职工餐厅和研究生宿舍附近的落叶、垃圾清扫工作。第二部分展示劳动区域经过我们打扫之后的全新面貌。

生活的美好，社会的进步，莫不源于平凡艰辛的劳动。通过这次劳动实践活动，我们明白了人世间的美好梦想只有通过诚实劳动才能实现，发展中的各种难题只有通过诚实劳动才能破解，生命里的一切辉煌只有通过诚实劳动才能铸就。本次活动使我们明白，美好生活是要靠大家一起维护的，为了维护美好的生活环境，希望大家可以做到不乱扔垃圾，随时随地保持校园整洁。希望我们可以将“劳动最光荣，劳动最崇高，劳动最伟大，劳动最美丽”的精神发扬光大，让它在校园里深入人心。

清扫工具存放地，准备拿工具喽！

清洁校园

赏心悦目的校园

（视频二维码）

弘扬劳动精神　争当时代先锋

郭俊杰　王钰超　王大利　张帅帅　董仁杰
软件 1921 班

简介：本视频以 Vlog 的形式，从早上起床开始，以第一视角和第三视角两个角度，完整且真实地记录了我们在农大如何安排自己的学习生活。在视频中，我们交流了对于劳动通论课学习的心得，并做了学习总结。劳动教育是德智体美劳全面发展教育的主要内容之一。劳动教育是引导学生掌握现代劳动的知识与技能，养成良好的劳动习惯和正确的劳动态度，培育学生科学的劳动价值观的教育。劳动教育是国民教育体系的重要内容，是学生成长的必要途径，具有树德、增智、强体、育美的综合育人价值。交流过后我们一致认为，劳动教育中最重要的是动手实践，所以我们对宿舍开展了深度清扫活动。通过实践，我们体会到了劳动的辛苦，也感受到了劳动带来的快乐与成就感、幸福感。

干净整洁的学习环境

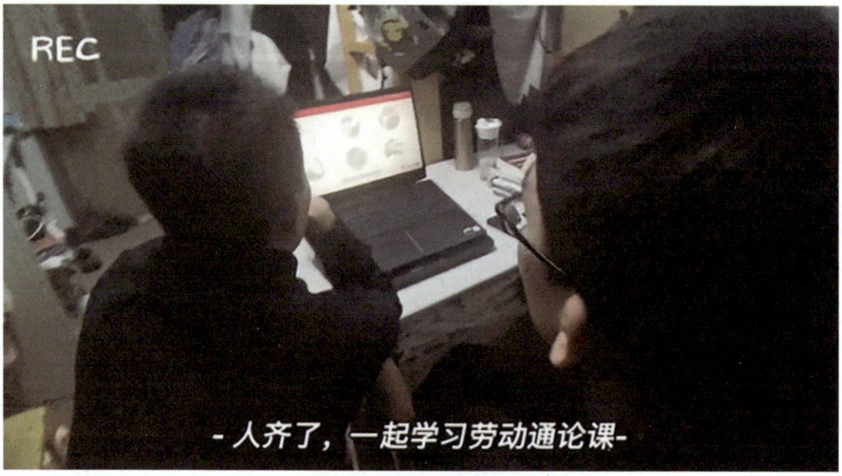

劳动通论课学习

(视频二维码)

劳动“后遗症”

韩岚清　李锦红　孙可　石文斐
园林 1903 班

简介：该作品以短视频的形式呈现，内容以我们的日常生活劳动为主，讲述通过劳动我们亲身体会到了劳动的艰辛和劳动创造世界的真理，避免我们形成好逸恶劳的坏习惯，加强我们的劳动观念，帮助我们树立做人的正确态度。我们在日常生活中要树立勤劳的观念，注重掌握劳动技能。

（视频二维码）

宿舍文化养成之周六劳动日

杨永帅　王灏宇　董文辉　任浩东　周超文　韩世龙　闫琦
软件 1904 班

简介：寝室作为我们在大学里的一个家，是我们生活和休息的主要场所。寝室文化也是一所大学学风和校风的重要体现。作为一名大学生，我们应该树立劳动光荣的观念，主动投身劳动实践，积极参与文明寝室建设。

为响应和践行学校关于文明寝室建设的号召，构建整洁、安全、温馨、和谐的寝室环境，养成良好的卫生习惯和行为品质，小组全体成员向农大同学发出如下倡议：(1) 以劳净室，培养良好卫生习惯；(2) 以劳防患，树立寝室安全意识；(3) 以劳增识，坚持做好日常管理；(4) 以劳树德，提高自身综合素质；(5) 以劳创优，弘扬优秀寝室文化。本视频通过记录我们宿舍成员在周六的劳动过程，来引导学生养成劳动习惯以及形成良好的宿舍文化氛围。

（视频二维码）

走一步有一步的风景

刘喆　王恺庆　王金峰　梁新龙　冀智旭
生态1902班

简介：漫步在校园内，我们感受着山西农大独特的魅力，高大的古式门楼后是回荡着琅琅书声的回寰长廊、丁香氤氲的思想湖、静谧悠远的亭兰图书馆、时尚靓丽的谷园、生机勃勃的植物园、平坦开阔的勤耕园，正所谓走一步有一步的风景。山西农大是一位从历史中走出的绝代佳人，风雨磨砺不见沧桑，岁月洗礼更添优雅。每走一步都能看到不一样的山西农大校园，下一步的风景永远会吸引着你。

崇盛楼

八角亭

（视频二维码）

劳动最光荣　劳动我最美

崔倩　马能敏　史进铖　彭豪豪　孟翔羽　李英霞　冯雅菲
生态 1901 班

简介：“劳动创造世界。”经过学校组织的为期 1 周的劳动周活动，我们每个人都对这句话有了更深刻的认识，于是以这句话作为了视频的开端。视频分为 2 部分。第一部分展示了每位小组成员在劳动过程中的点点滴滴，既有辛勤的劳动，也有休息时的

健身瑜伽和一起玩闹的场景。每位同学以一句话展示了自己对于劳动的部分感受，如“劳动最光荣”“劳动就是享受”。第二部分以采访形式展开，讲述了小组成员在劳动中的感想、收获，以及想对同学说的话，最终大家在欢声笑语中一起响亮地喊出：“劳动最光荣”。为期 1 周的劳动周结束了，然而它已经成为我们大学

期间十分珍贵的一段快乐时光。本视频旨在以实际行动来感染大家，传达劳动教育、耕读教育的主题，希望大家养成良好的劳动习惯，培养积极的劳动精神。

（视频二维码）

秋日　勤俭　劳作

韩静芯　刘芷谷　杜雪婷　刘瑞　员雨琪　高娜
行管 1902 班

简介：劳动是一件光荣又伟大的事情。作为新时代的大学生，我们应当有劳动的意识。本次作品我们本着弘扬劳动精神、传承耕读文化的目的，主要从劳动周体会、勤耕园内涵和谷园餐厅的禾梦元素 3 方面收集素材，完成了作品的制作。

（1）劳动周让我们体会到了劳动者的艰辛与不易，体会到无论做什么事情都需要脚踏实地。同时，集体劳动能够增强同学之间的合作互助，能够增强集体荣誉感。（2）学校建有勤耕园、农耕文化实践教育基地，开办了耕读讲堂，使同学们能接受中华优秀农耕文化的熏陶。勤耕园的“勤耕”二字，满满耕读的韵味。通过记录勤耕园中弯身收拾杂草的学生，以及保洁阿姨日复一日的重复工作等内容，我们体会到弘扬勤劳节俭、读书劳动的重要性。（3）谷园一层的禾梦主题在作品中也有体现。禾下乘凉梦是一代代农科学子的追求，是实现袁隆平先生梦想的动力，禾梦理念告知了我们粮食来之不易，要充分珍惜。

劳动教育具有树德、增智、强体、育美的综合育人价值。此次创作作品的过程，使我们理解和形成了马克思主义劳动观，牢固树立了劳动最光荣、劳动最崇高、劳动最伟大的观念，也让我们学会尊重普通劳动者，培养勤俭、奋斗、创新、奉献的劳动精神，促进自身五育并举发展。

劳动最光荣

在求学路上

光盘行动

学校的环境越来越好

（视频二维码）

享受一天的劳动生活

——Vlog 记录

曹波　王奥颖　许堃莹　梁艺文
大数据 1901 班

简介： 我们选取了大学生活中一天劳动的小日常，上午打扫实验室卫生，下午上课前擦黑板，放学后将自行车摆放整齐，以拍摄 Vlog 的形式记录了劳动过程，讲述了劳动从身边做起，从小事做起的道理。在劳动过程中，我们慢慢感受到劳动的意义和价值，体会到劳动不是乏味无趣的，换位思考了劳动者的工作，更加珍惜每天干净整洁的校园环境。

（视频二维码）

劳动的收获

陈泽航　王菁菁
发展 1901 班

简介：劳动是人类的美德，劳动是物质的源泉。通过劳动，人类创造了物质文明与精神文明。每一次历史的辉煌，都是人类劳动结下的硕果。劳动是光荣的，又是伟大的。劳动使人们不断改变和提升自己，从一个境界走向更高的境界。

（视频二维码）

生活明朗　万物可爱

段同心　赵晓孜　周艳阳
法学 1901 班

简介：“云天收夏色，木叶动秋声。”我们在落木萧萧之时进入了劳动周，度过了意义非凡的 1 周。该作品通过劳动者合作参与劳动活动、劳动中所见的物与人以及劳动场景照 3 部分，充分反映了劳动者的精神面貌，在展现精彩的劳动活动的同时，体现了劳动者的劳动乐趣。希望此作品能与大家共同分享劳动的乐趣和生活中的友爱瞬间，治愈大家的不开心。劳动使我们的身心得到放松，体会到了合作的意义，在劳动过程中我们的精神得到洗礼，身心得到锻炼，并树立了正确的劳动价值观，弘扬了辛勤劳动的美德。

（视频二维码）

一米一粟当思来之不易

李思捷 张洲 张慧轩 牛泽轩 康纹玮 张嘉洵
软件 1907 班

简介：作品介绍了学校多个餐厅，并观察餐厅中是否有节约粮食的宣传画，餐厅中大家是否有浪费粮食的行为，以及如何利用我们的周边环境宣传制止粮食浪费。我们选择了一个具有教育意义的剧本，以小品形式进行了展示，着重反映出粮食在种植、生产以及培育过程中的不易，意在使人们意识到食物的来之不易。

最后，我们进行了一个采访，主要对象是餐厅的工作人员以及同学们，了解他们对节约粮食和浪费粮食的看法。

（视频二维码）

生有热烈　藏于俗常

朱智轩　侯泽艺　张皓棋　刘鹏丽　李舒
软件 1907 班

简介：所有的劳动者都是一首歌，劳动中的每一个细节都是一个美丽跳动的音符，是和谐社会长河中一朵斑斓的浪花。劳动不分先后。青年人前程远大，道路漫长，只有咬紧牙关，坚持奋斗，才能创造非凡的业绩；中年人，是社会的脊梁，职责重大，来不得半点的松懈；老年人，也能够老当益壮，发挥余力，继续创造价值。

然而，有一点不可回避，那就是青年时期是人生的黄金时期，能最大限度地创造生命的价值。食堂里有晨兴夜寐的阿姨、叔叔，图书馆有夙夜不怠的学生，大街上有劳动的同学和保洁人员，他们每个人的身上都散发着淡淡的光辉，像温暖阳光，让人向往。生有热烈，藏于俗常，致敬每一位平凡的劳动者！

（视频二维码）

劳动微光

邱蕊　冯山娇　张子涵　李佳瑶　赵晴　王靖旎　程婧雯　南彩风
物流 1901 班

简介：劳动无处不在、无时不在，劳动让生活变得有滋有味、有光有彩。我们的作品通过学生们的劳动、餐厅阿姨的劳动、校园环卫工人的劳动以及人工智能劳动来展开，每天都有无数平凡的劳动者，在各自的岗位上用辛勤付出诠释劳动之美。每个岗位都不平凡，每个人都不普通，不论你的职业是什么，都是自己的英雄。当机器代替了人力，人工智能省去了汗水，劳动的形式在变，但意义不会变。他们是微光，但足以照亮时代！致敬劳动者！

（视频二维码）

向劳动者致敬

栗坤　高鹏瑞　刘晶晶　王佳宁　车小雪
软件 1909 班

简介：在我们平时的生活之中有一群人，他们热爱生活，热爱劳动，身为学生的我们要像他们致敬，向他们学习。本作品告诉人们要以劳动为荣，向劳动者致敬，为劳动人民感到骄傲。同时，我们也要把劳动践行到自身的实践之中，通过生活中的点点滴滴实现劳动的价值。

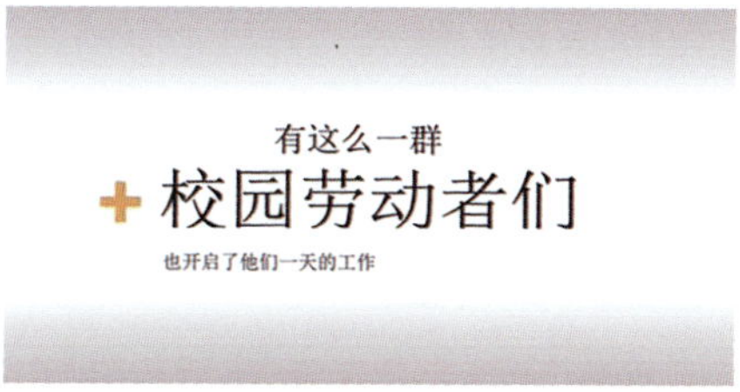

校园中的劳动者们都有谁呢？

忙碌的后勤保障人员

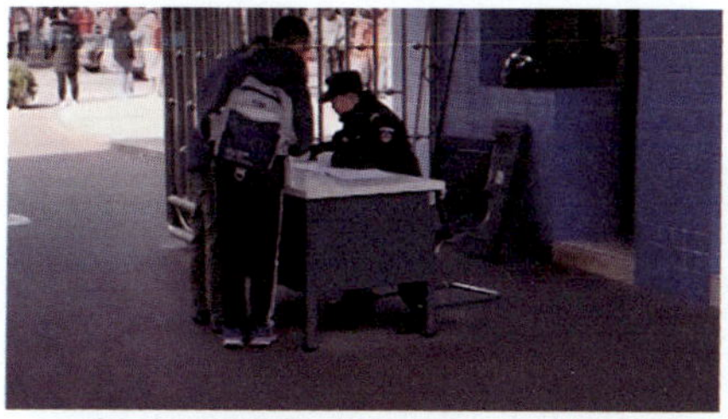

时刻守护校园安全的他们

疫情守护者

（视频二维码）

丰富多彩的校园生活

张超凡　王晓铧　娄欣越　马婧薇
桑祺玥　韦欣怡　郭佳璇　武宝琛　张缙驰
软件 1920 班

简介：作品讲述了我们在宿舍中如何打扫卫生，如何共同学习，如何度过大学生活，还介绍了谷园餐厅节约粮食的宣传画和植物园的珍贵植物。

（视频二维码）

落叶霜序满青山

李雨轩　李心莲　杨思敏　孙洋洋　王鑫宜　韩巍　荆子涵
风景 1901 班

简介：时值小雪，寒气瑟瑟，我们也迎来了期待已久的劳动周。劳动是人类区别于动物的本质活动，也是刻在中华民族基因

里的传统美德。我们或拿着扫帚，或拿着簸箕，或拿着耙子，兴致勃勃地奔向目的地。劳动是累？是苦？是快乐？是愉悦？是满足？我们都在为时 1 周的劳动中有了更深刻的体悟。风卷起刚扫成堆的落叶，和着灰尘洋洋洒洒地落在刚扫干净的地方，我们又

气又笑，气过笑过后又继续干活。腰酸、腿软、胳膊疼，1 周之内不断交替上演；疲倦、习惯、开怀大笑，各种情绪记录着我们的所得。1 周的劳动带给我们的是辛苦，更是收获。当整洁干净的地面展现在眼前，我们心中尽是满足和成就感。日短一弦，天色欲晚，满载愉悦而归，正是对劳动最好的诠释。

（视频二维码）

勤者自助　达者自强

周镕　田嘉洁
智能 1901 班

简介：勤工俭学，同学们都有所耳闻，但真正去做的只有一小部分人。勤工俭学不仅可以给我们经济上提供一定的支持，还可以为我们的大学时光带来一段人生不一样的体验。

（视频二维码）

劳动铸就新青年

杨凯捷　杨永胜　王祥祥　杨树博　李泽榕　白鹏鹏
软件1903班

简介：人类的历史是生产发展的历史，是劳动人民创造的历史。辛勤的劳动是建设社会主义和共产主义的根本保证，劳动是公民的神圣义务和权利。轻视体力劳动和体力劳动者，是数千年来剥削阶级的思想残余。我们要懂得把脑力劳动同体力劳动相结合的重要意义，养成劳动的习惯，形成以劳动为荣、以懒惰为耻的品质，抵制好逸恶劳、贪图享受、不劳而获、奢侈浪费等恶习。

（视频二维码）

争做最美劳动人

张馨月　李文婕　朱钰娇　王欣欣　雷亚丽　吕丹　项国英
化学1902班

简介：康德说过："要迎着朝阳实干，不要面对着晚霞幻想。"短短1周的劳动周，理化楼、5号楼、3号楼处处都留下了我们的足迹。劳动的过程必然伴随着辛苦，但是大家在一起，不抱怨，拧成一股绳，所有困难都迎刃而解。宿舍是我们在学校的家，维护需要大家的共同努力，营造良好的宿舍氛围，人人有责。这次活动的意义非凡，大家不仅亲身体验了劳动，而且认识到保护环境刻不容缓。

（视频二维码）

SXAUer's Vlog

孙圆妮　王萱　张欣
经管 1901 班

简介：通过拍摄，记录山西农大学子一天的日常生活，向大家展示农大的校园风貌和学生五彩缤纷的校园生活，以独特的方式和视角向大家传达劳动不仅仅是字面意义上的劳动，过好充实的每一天也是一种别样的劳动。

（视频二维码）

践行劳动教育　树立文化自信

董慧琳　张留花
软件 1906 班

简介：作品讲述了节约粮食的美德以及同学们的身体力行。民以食为天，食以粮为先。粮食是人类生存之本，是经济社会发展之基。中华上下五千年的文化之厚重教会我们节约，从学校食堂到酒店餐厅，从小家到大家，似乎中国人有一种不约而同的习惯。作品介绍了从新中国成立之初到现在中国粮食的储备量，从侧面分析与反映节约粮食的重要性，并引用“杂交水稻之父”袁隆平先生的事例讲述了现在每粒粮食的来之不易。袁隆平先生是活在每一位中国人心中的英雄，向袁隆平先生致敬，我们要珍惜每一粒粮食。

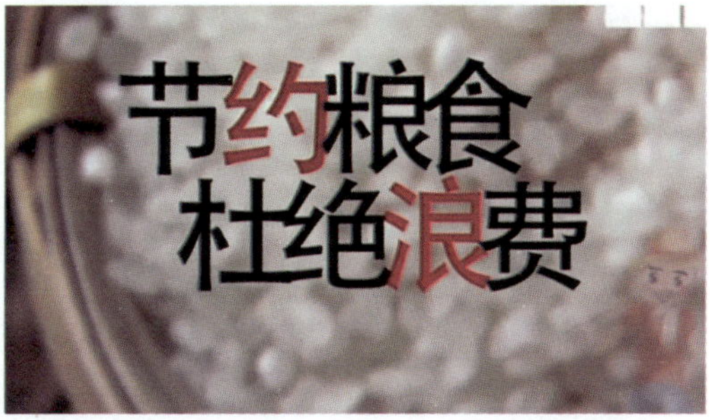

（视频二维码）

劳动有我　不负春光

王竞宇　刘龙达　谢瑞　韩佩倬　郭宗鹏　戴明剑　马有泽
软件 1919 班

简介：“把一件简单的事做好就是不简单，把一件平凡的事做好就是不平凡。”劳动改造人。通过这次社区服务劳动，我们明白了许多道理，还发现了许多自己的不足之处。

我们组有 7 位成员，负责对宿舍以及校园的卫生进行打扫。“一屋不扫，何以扫天下”，宿舍卫生是最基本也是最重要的一步。在分配好任务之后，大家都活力满满，充满干劲。秋天是个硕果累累的季节，同时也是树叶凋落的季节，每到秋天，校园内

的大路上都是满满的树叶。我们在感受大自然美好的同时，也切切实实地感受到作为一名普通的劳动者在挥洒汗水时的辛劳。我们通过自己的劳动，为校园营造了清洁的环境，望着那一条条干净的马路和一个个被清空的垃圾桶，这一刻那些汗水还有疲惫的身体都变得不值一提。我们不再是温室里的花朵，我们是劳动者，辛勤付出，只为营造一个美丽整洁的校园环境。这次的劳动，使我们体会到了工人的艰辛，也亲身体会到了劳动的光荣，我们不会像以前一样轻视劳动。劳动使我们避免形成好逸恶劳的坏习惯，帮助我们树立做人的正确态度。

（视频二维码）

今天你劳动了吗

滕雨欣　昝舒颖　白非凡　宋健男　王晓
软件 1908 班

简介：欧文先生曾经说过这样一句话，“完善的新人应该是在劳动之中和为了劳动而培养起来的”。这次劳动周，让我们对这句话有了更真切与深入的理解。

金秋十月，秋高气爽，我们进行了为期 1 周的劳动生活，学校将 3 栋宿舍楼和 1 栋教学楼划分为我们的区域，我们需进行树叶和路面垃圾的清扫工作。劳动周让我们体会到了劳动的光荣，我们不会像以前那样轻视劳动，也让我们亲身体会到了劳动的艰辛和劳动创造世界的真理，避免我们形成好逸恶劳的坏习惯，加强了我们的劳动观念，帮助我们树立做人的正确态度。

我们通过手机摄像记录我们的劳动时光，以及和阿姨的和谐相处，和同学的协同合作。我们共同度过了美好愉快的1周，看着被打扫干净的马路和被清空的垃圾箱，我们每个人心里都感到很满足。我们知道，我们当时只是一个普通的劳动者，辛勤付出，是为了同学们能够在一个美好整洁的校园环境中生活学习。拍摄这个视频，既是为了记录我们在劳动周中的美好回忆，也是为了能让我们时刻牢记劳动光荣的意义。

（视频二维码）

那一盏灯

白杨　夏爽　薛瞳瞳　郭彭云　赵桃芳　白子杰
物流 1902 班

简介：川流不息的人潮中，每个人都在为生活而努力。天才蒙蒙亮的时候，一群身着橙色衣服的人就在黑暗中前行。随着阳光逐渐照到大地之上，城市渐渐开始喧闹了起来，无数个匆忙的身影穿梭于城市之中。写字楼中，打工人在不断地敲击着键盘；建筑工地上，有人用身躯扛起生活的重担；图书馆内外，学生的读书声从未停止。每个人都在劳动，用自己的双手创造价值。劳动虽然疲惫，但劳动者的笑容温暖人心。

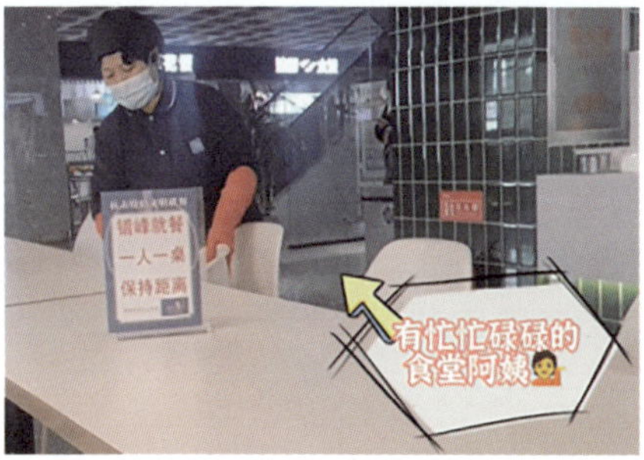

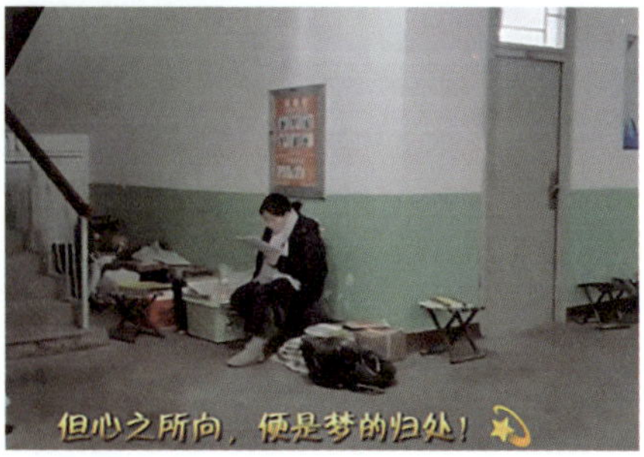

(视频二维码)

劳动教育要注重实践

李旭忠　李怡冉　闫一丹　杨月波　杨子康　黄志伟　牛旭东
软件 1910 班

简介：通过采访两个不同的家庭，体现劳动教育中实践的重要性。甲家庭知道劳动的重要性，但不注重锻炼孩子的动手能力，导致孩子已经成年却依旧对扫地倒垃圾等一些平常的劳动不甚了解；乙家庭从小培养孩子的动手能力，帮助父母做家务，使得孩子有了一定的自立能力。

（视频二维码）

节约粮食 Vlog

石琳　王佳琦　秦皓宇
土木 1902 班

简介：我们的作品是关于节约粮食的。从进校园的第一天，老师就教我们一首古诗："锄禾日当午，汗滴禾下土。谁知盘中餐，粒粒皆辛苦。"从此，我们便知道了粮食的来之不易，明白了要珍惜粮食。走进学校，如果仔细观察的话，不难发现同学们的光盘意识其实都是非常好的，剩饭剩菜也都有很好的去处。我们通过在谷园、怡膳园和碧桃园进行拍照和拍视频调查，了解同学们是否光盘以及对于节约粮食的态度。"良田万顷，日食一升。广厦千间，夜眠七尺。"我们要在心中树立节约粮食的意识，并且付诸行动，才能让节约粮食的传统美德得到传承。

（视频二维码）

劳动周的那些事

李珺瑶　张克　郑竹杉　杨彩虹
大数据 1901 班

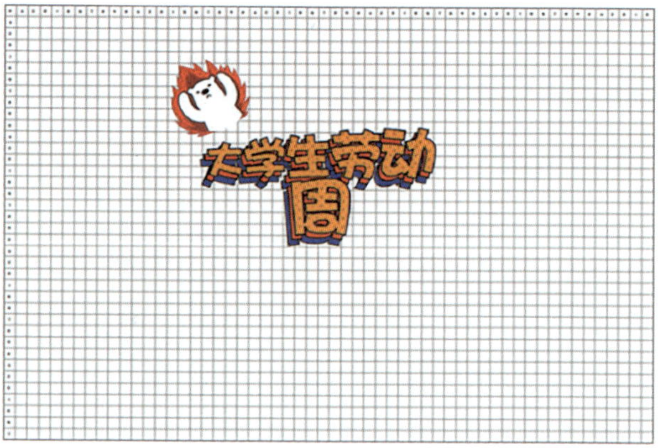

简介：劳动周是将课本上的知识充分转化为实际操作记忆的最佳方式，可以有效提升新时代大学生的基本素质和实际劳动能力，对大学生未来的道路至关重要。当代大学生应该认真落实劳动教育要求，认真接受劳动教育，积极弘扬、践行劳动精神，主动积极参加劳动，在实践中收获知识、提升能力、成就自我。

（视频二维码）

“六蛙”的日常

张钒钒　王晴晴　焦丽媛　岳旭童　蓝春源　许妍婷
行管 1902 班

简介：我们宿舍六人为一个团队，名为“六蛙”。作品通过展示我们的宿舍卫生、宿舍团建、宿舍日常、学习打卡、体育活动，体现我们“六蛙”的宿舍文化及日常生活学习氛围。

柏拉图曾经说过：“我们环绕着大海而居，如同青蛙环绕着水塘。”对我们六个人而言，宿舍就是我们的水塘。世界之大，我们独需一舍，离开了家，所需之栖息所也无非是一个宿舍而已。我们来自五湖四海，离开了家人，没有了依赖，宿舍就成了我们长途跋涉后的驿站、风雨后的港湾，舍友就是我们日常生活中相互扶持的伙伴，宿舍就像一个无血缘的小家。在我们的小池塘里，成员们性格各异，习惯也不同，但正是这些不同组成了我们轻松有趣的日常，同时我们相互磨合、相互理解、相互配合，形成了我们寝室独有的思维观念和行为习惯，表现出我们这一小家子独有的特色，每一位环绕“水塘”的“青蛙”们都为维护、建设我们的小池塘而积极向上地生活着。

大学生活已经过去了大半，在我们心中，宿舍占据了很大份量，我们都希望我们能够永远开开心心、积极向上、共同进步。虽然宿舍仅有十几平方，没有空调彩电，也没有家里舒服，但它仍可以称得上温馨宁静，有了这些，宿舍也足以成为我们的港湾。

（视频二维码）

我和秋天有个约会

杜欣蔚　朱梦馨　崔倩倩　苏诗禾
许辰雨　赵奥然　侯自刚　郭彦君　魏江铭
草业1901班

简介：“人生在勤，不索何获。”诚如斯言，劳动是一切美好事物的源泉，也是我们实现人生价值的源泉。热爱劳动是我们中华民族的优良传统，也是我们新一代青年所需传承的。

卢梭说：“劳动是社会上每个人不可避免的义务”，而我们通过劳动周履行了这项光荣的义务。一把扫帚，扫净脚底十亩四分地；一副手套，摆正路边百十辆自行车；一身军训服，穿梭在树底下草丛间。灰头土脸，但无怨言。劳动周，累但快乐的劳动周，给了我们一个机会，亲身体会了每位劳动者的辛勤与不易。

为此，我们用作品来展示我们的成果与感悟。我们收集了劳动过程中的一些照片和视频，与带领我们劳动的阿姨友好交流，了解她们的日常工作，通过后期剪辑制作成视频。劳动期间，我们有艰辛的付出，也有劳动的回报，付出的是汗水，收获的是精神上的升华。处于新时代的我们，应该用劳动检验我们的人生态度，考验我们的能力与风骨。“劳动是最美的法则，也是最美的果实。”“千里之行，始于足下”，中华民族优良传统的传承与复兴，就从我辈开始。

（视频二维码）

不一样的劳动周特辑

宋来昊　程潘旭　尚志鹏　康小武　高浩浩　李锦臻
草业 1901 班

简介：在 2021 年秋季学期的第 12 周，我们参与了学校的劳动周活动。辛勤劳动结束以后，我们看着干净的校园和整齐的街道，感受到了一种满足感。

每一个人都爱惜我们的校园环境，校园才会更加美好。在劳动中我们创造了价值，感受到了快乐。

（视频二维码）

山西农业大学劳动教育集萃

耕行沃野　读知天下

冯晓燕　主编

中国农业大学出版社
·北京·

内容简介

耕读教育将农业生产与文化教育相结合，是农林院校加强劳动教育的重要载体，也是培养大学生强农兴农使命和知农爱农情怀的重要途径。山西农业大学立足农业领域，积极探索新时代耕读教育的新模式，培养出了一批批懂农业、爱农村、爱农民的青年学子。本书精选我校劳动教育的生动案例，“耕行沃野　读知天下”分册包括讲学篇、文化篇和实践篇；“勤耕重读　沃土春华”分册包括专业生产劳动教育、创新创业劳动教育、志愿服务劳动教育和日常生活劳动教育。希望此书能为更多涉农高校拓展耕读教育工作思路，为教师和学生提供教学和研究参考。

图书在版编目(CIP)数据

山西农业大学劳动教育集萃. 耕行沃野　读知天下/冯晓燕主编. --北京：中国农业大学出版社，2022. 4

ISBN 978-7-5655-2764-7

Ⅰ.①山…　Ⅱ.①冯…　Ⅲ.①高等学校-劳动教育-中国-文集　Ⅳ.①G40-015

中国版本图书馆 CIP 数据核字(2022)第 061788 号

书　名	山西农业大学劳动教育集萃 耕行沃野　读知天下 Shanxi Nongye Daxue Laodong Jiaoyu Jicui Gengxing Woye Duzhi Tianxia
作　者	冯晓燕　主编

策划编辑	李卫峰　胡晓蕾	**责任编辑**	胡晓蕾　李卫峰
封面设计	郑　川		
出版发行	中国农业大学出版社		
社　址	北京市海淀区圆明园西路 2 号	**邮政编码**	100193
电　话	发行部 010-62733489，1190 编辑部 010-62732617，2618		读者服务部 010-62732336 出　版　部 010-62733440
网　址	http://www.caupress.cn	**E-mail**	cbsszs@cau.edu.cn
经　销	新华书店		
印　刷	运河(唐山)印务有限公司		
版　次	2022 年 6 月第 1 版　　2022 年 6 月第 1 次印刷		
规　格	170 mm×240 mm　　16 开本　　9 印张　　100 千字		
定　价	90.00 元(全 2 册)		

编写人员

主　编：冯晓燕

副主编：陈　冲

编委会：赵志红　王纪平　李清宏　郭数进　李慧锋　赵俊星
孙子龙　靳　岷　李廷亮　温鹏飞　冯翠萍　解晓悦
张宝俊　张志伟　邢泽炳　杨　华　王冬冬　成丽君
段喜明　张元洁　刘　冬　杜广华　郝建峰

序

习近平总书记强调“农村是我国文明的发源地，耕读文明是我们的软实力”。耕读教育将农业生产与文化教育有机结合，把物质生产与精神生活有机融合，从最早的一种生活形态，逐步演变成家训家规、教育理念、文化传统，在岁月长河中逐渐融入中华民族的文化血脉和精神谱系，经久不衰、源远流长。

传承耕读文化、把握耕读内涵、开展耕读实践、加强耕读教育，是新农科建设的应有之义，也是涉农高校培养知农爱农新型人才的迫切要求。作为一所拥有115年悠久办学历史的高等学府，山西农业大学在长期的办学实践中，立足山西，面向全国，服务“三农”，把论文写在田间地头，把科技播撒三晋大地，凝聚形成了“崇学事农、艰苦兴校”的办学精神、“甘于奉献、敬业乐教”的教风和“勤奋学习、注重实践”的学风。百余年来，学校以耕读精神砥砺学生品质，用耕读教育培育“三农”人才，理论和实践结合，思想和行动统一，耕读文化成为学校厚重的文化底色，耕读实践成为学校鲜明的办学特色。进入新时代，学校坚持以立德树人为根本、以强农兴农为己任，坚持用耕读教育之“矢”去射新时代劳动教育之“的”，出台《山西农业大学关于加强和改进耕读教育工作实施方案》，支持教师围绕耕读教育进行研究探索，开展耕读讲堂系列专题活动，认定建设10个耕读教育实践基地，成立学生耕读社团、耕读书社等组织。我们通过一系列建设举措，把耕读教育和思政教育、专业教育、劳动教育有机融合，使我校的耕读教育理念化、制度化、一体化，努力构建和完善耕读教育体系，积极教育引导学生勤耕深读、知行合一、砥砺求索，不断增强学生服务乡村振兴的使命感和责任感。

为进一步传承耕读文化，展示耕读教育的价值导向，营造耕读氛围，学校把一年来不同内容的耕读教育实践汇集成册，通过简练的文字、生动的图片、创意的视频，集中展示了农大师生践行“耕行沃野　读知天下”理念的育人场景、体验体悟和实践范式，希望以此进一步强化耕读意识，传承耕读精神，发扬耕读传统，激励更多的青年学生主动走进农村、走近农民、走向农业，了解乡情民情，学习乡土文化，在希望的田野上绘出壮美新画卷。

是为序。

山西农业大学党委书记 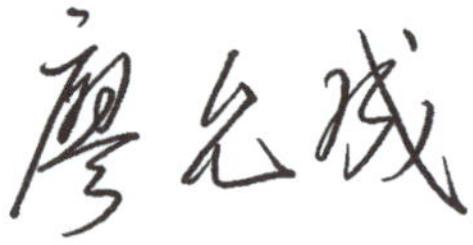

2022 年 3 月

目录

讲学篇

文化篇

实践篇

讲 学 篇

薪火相传　弦歌不辍

——大力弘扬脱贫攻坚精神

2021 年 4 月 7 日，由山西农业大学教务部主办、山西农业大学动物医学学院承办的“耕读讲堂”开讲。曾在山西省晋中市和

顺县牛川乡牛川村和吕家沟村担任 4 年第一书记的岳培荣老师做了题为“薪火相传　弦歌不辍”的专题讲座，讲述驻村帮扶工作经历，介绍自己 4 年来在脱贫攻坚方面所做的工作，用一幅幅鲜活的画面，一个个生动的事例，一组组翔实的数据，带领在场的 1 000 余名学生回顾脱贫攻坚的伟大壮举，真切感受脱贫攻坚带来

的巨变和取得的成就，深刻感受中国共产党的责任与担当，深刻体会中国特色社会主义制度的优越，教育和引导学生要大力弘扬脱贫攻坚精神，学好知识，练好本领，积极投身乡村振兴的伟大事业，为美丽乡村建设贡献才智。

为深入学习贯彻习近平总书记给全国涉农高校的书记校长和专家代表重要回信精神，立足国家乡村振兴战略和山西转型发展战略要求，山西农业大学决定实施“耕读讲堂”系列专题教学活动。耕读讲堂请劳模讲故事，讲好劳模故事、讲好劳动故事，营造“劳动最光荣、劳动最崇高、劳动最伟大、劳动最美丽”的校园风尚，使学生能够理解和形成马克思主义劳动观，牢固树立劳动最光荣、劳动最崇高、劳动最伟大、劳动最美丽的观念，激发学生的劳动热情和创造活力。耕读讲堂挖掘脱贫攻坚战中的思政元素，宣讲脱贫攻坚战中涌现出的典型人物和典型故事，宣讲国家决战决胜脱贫攻坚的伟大成就和接续乡村振兴展现的国家担当，弘扬脱贫攻坚主旋律，传递中国正能量。通过真人、真事、真心话，感染学生、引领学生，坚定学生学农爱农的理想信念，树立强农兴农的责任情怀，激励学生积极投身时代潮流，结合学习党史、新中国史、改革开放史、社会主义发展史，宣传脱贫攻坚伟大成就，感悟中国特色社会主义制度的优越性，增强道路自信、理论自信、制度自信、文化自信，激发扎根“三农”一线、投身乡村振兴的使命感，努力成为“德智体美劳”全面发展的知农爱农新型人才。

在扶贫攻坚的伟大实践中贡献青春力量

2021 年 4 月 12 日上午，山西农业大学“耕读讲堂”教学活动在太谷校区崇实楼 615 会议室举办。山西农业大学 2012 届优秀毕业生刘清河应邀做了题为“感恩思源　立足基层岗位奋力担当作为；不忘初心　牢记青春使命用心用情服务感恩思源”的专题讲座。本次教学活动由山西农业大学教务部主办，山西农业大学食品科学与工程学院承办。

刘清河以自己个人的亲身经历为切入点，回顾了自己的大学生活与成长历程，从大学四年如何度过到带领村民致富路上遇到的困难和收获。他希望大家能够重视计划制定与目标选择，做到循序渐进，以阶段性目标为基础，脚踏实地向前进步，“耕读”好人生的每一阶段，鼓励同学们要坚定信念，端正学习态度和创业态度，认清自身能力，立足专业领域；并提醒同学们要懂得思源、感恩，培养吃苦耐劳和奉献精神，尽早规划未来，用理论知识武装自己，不断积累经验，充实自己，“耕读”好成长成才的每一步。

教学活动结束后，同学们纷纷表示对未来有了初步的规划，确立了各自的目标，坚定了努力学习为国家贡献青春力量的决心，将以更加饱满的热情投入今后的学习和生活中，利用好自己的专业优势，在更广阔的天地实现自我价值。

刘清河是山西农业大学2012届优秀毕业生，从一名大学生村官成长为一名带领农民致富的领路人，荣获全国优秀大学生村官、全国“扶贫先进个人”等荣誉称号，现任山西省长治市城区紫金街道党政综合办主任、分水岭社区党委书记，曾任山西省长治市沁县杨安乡佛堂岩村党支部书记助理、南沟村党支部书记、松交村党支部副书记、原城区兴安社区党支部书记助理、滨河西社区党支部书记。

乡风文明的变迁与重建

2021 年 4 月 21 日下午，“耕读讲堂”教学活动在山西农业大学果树研究所举办。山西农业大学马克思主义学院的田云刚教授应邀做了题为“乡风文明的变迁与重建”的专题讲座。本次教学活动由教务部主办，资源环境学院承办。

田云刚从乡风文明的内涵与特点、乡风文明的历史变迁、乡风文明的产业化重建三个层面进行了讲解，对实施乡村振兴战略的“产业兴旺、生态宜居、乡风文明、治理有效、生活富裕”总要求，进行了系统性、针对性的阐释，加深了与会师生对于乡风文明以及乡村振兴的认识与理解。讲座结束后，现场互动氛围浓厚，田云刚教授同现场师生进行了深入交流。

会后，山西农业大学果树研究所杨盛老师带领同学们深入梨园一线，进行科普知识讲解，同学们了解掌握农业知识的同时，也切实地领悟了崇学事农的精神本质。

山西农业大学资源环境学院此次“耕读讲堂”教学活动，标新立异，效果突出，将课堂搬进了试验田，走进了科研地。据悉，资源环境学院按照学校关于开展“耕读讲堂”专题教学活动的安排部署，专题研究，以学院“资环 Salon”品牌文化活动为鲜活载体，在推进学院文化建设、提高师生人文素养的同时，作为同学们体认耕读文化、乡村振兴的内涵实质的有效途径，坚定同学们学农爱农、强农兴农、扎根“三农”一线的理想信念和责任担当。

传承脱贫攻坚精神　讲述脱贫攻坚故事

2021 年 4 月 21 日下午，山西农业大学“耕读讲堂”教学活动在理化楼演播厅举办。山西农业大学植物保护学院副院长邢晓亮、张宝俊共同做了题为“传承脱贫攻坚精神　讲述脱贫攻坚故事”的专题讲座。本次教学活动由教务部主办，植物保护学院承办。

邢晓亮通过对比 2015 年与现如今人民的生活水平，分析了两个时间段人民生活质量的巨大差异，展现了在中国共产党的带领下，我国在脱贫攻坚战中所取得的优异成绩。他表示，脱贫攻坚

是关系到国计民生的大事情，是实现中华民族伟大复兴的大事情。自党的十八大以来，习近平总书记对脱贫攻坚作出了一系列重要论述，提出了许多新理念、新思想和新战略，科学地回答了新时代打赢脱贫攻坚战的重大理论和实践问题。从以前大水漫灌式扶贫，到现在的更加精准、更加多样化扶贫，中国共产党一直在行动，在进步。他鼓励与会人员，要充分运用习近平总书记关于扶贫工作的重要论述来武装头脑，为打赢脱贫攻坚战提供不竭的精神动力和思想源泉。

张宝俊引用毛主席在《中国革命和中国共产党》中的讲话强调，在半殖民地半封建社会，“中国人民的贫困和不自由的程度，是世界所少见的”，面对旧中国遗留的废墟，中国共产党领导全国人民开始了“拔穷根”的艰辛探索和接续奋斗。通过几代人的不懈努力，现如今，人民的生活水平得到显著提高。2020 年是脱贫攻坚的收官之年，在中国共产党百年艰苦创业和七十余年治国理政的历史上具有标志性意义。我们应该始终坚持党的宗旨、党同人民群众的血肉联系，立足人本，关怀民生，坚持以人民为中心的工作导向，切实把乡村振兴作为首要任务和头等大事。

讲座结束后，同学们纷纷表示，在今后的学习生活中，要以国家兴盛为己任，深入群众基层，聚焦乡村振兴，沿着党的指引方向，用大学生的文化素养和专业知识走入乡村、了解乡村，以饱满的热情在乡村振兴实践中贡献出自己的青春力量！

学以致用　展现人生价值

2021年4月23日上午，山西农业大学“耕读讲堂”教学活动在太谷校区实验大楼四楼会议室举办。山西农业大学优秀毕业生、朔州市骏宝宸农业科技股份有限公司董事长郭玉平应邀做了题为“学以致用　展现人生价值”的专题讲座。本次活动由教务部主办，草业学院承办。

郭玉平介绍了国家对农业的重视程度，阐述了草业科学对今后各农业产业链的影响和意义，表示农业是可预期的“风口”行业，投身于农业非常有发展前途，肯定了同学们就读草业科学专业的明智选择。随后，郭玉平讲述了自己的创业之路，分享了他毕业之后依旧持续学习牧草种植、测土配肥、土地改良、农业机械等理论知识来不断拓展业务的曲折经历；强调学以致用就是要理论与实践相结合，鼓励同学们要利用好学校的学习机会，加大知识储备，为今后走向工作岗位夯实基础；强调成才成长靠的是积累而不能急于求成，无论从事哪个行业，成功的道路难免存在起落，只有自强自立、不断努力才能收获人生的成功；想要成为自己生活的主角，就要做好吃苦的准备，作为校友，他愿意为同学们提供实习岗位和就业的机会。

活动结束后，同学们纷纷表示通过听取榜样校友的创业经历，深深体会到了创业的艰辛，明白了学以致用的重要性，在今后的学习和工作中要努力做到学以致用，持之以恒地在学习中努力增长自己的才干，力争做草业科学的弘扬者、传播者、践行者。

据悉，草业学院后续将加大实践投入，目前正在落实与企业共建实践基地的决策，现已与朔州市骏宝宸农业科技股份有限公司签订合作协议，并设立骏宝宸奖学金。

郭玉平，民革党员，山西省朔州市山阴县人，1998 年 7 月毕业于山西农业大学食品卫生与检验专业，同年创办了山阴县青玉园林高新技术开发示范园区，经过 16 年的艰苦打拼，于 2013 年 7 月创建朔州市骏宝宸农业科技股份有限公司，引进山西农业大学专家团队，领办和服务农业公司和专业合作社，为农户提供全产业链农业生产托管服务。该企业在发展期间积累了大量的农业产业上下游资源和技术服务力量，从事农业新品种新技术试验示范、农业社会化服务和优质牧草种植推广、加工销售服务至今。

在乡村振兴的伟大征程中绘就青春画卷

2021 年 4 月 24 日下午，山西农业大学“耕读讲堂”教学活动在太谷校区勤学楼 A－306 室举办。山西农业大学基础部 2020 届优秀毕业生吴玉玉应邀做了题为“在乡村振兴的伟大征程中绘就青春画卷”的专题讲座。本次活动由教务部主办，基础部承办。

吴玉玉结合自身基层工作经历，分享了基层工作者的日常；从乡村振兴角度出发，介绍了青年大学生在建设、助力乡村振兴中不可或缺的作用；从破除乡村老一辈的信息隔阂等方面，鼓励同学们要把个人理想融入国家发展中，从小事做起，发挥自身优势，投身基层建设，实现人生价值，用脚丈量乡村的美，收获幸福感和满足感。结合自身选调生考试经历，吴玉玉详细解读了“选调生”“三支一扶”“西部计划”等基层就业情况，分享了自己的经验积累和初心感想，希望青年学生能够坚定自身理想信念，打破基层偏见，扎根基层群众，在积极工作中蜕变成长，把青春论文写在乡村大地上，绽放属于自己的绚丽之花。

活动结束后，与会学生纷纷表示会认真汲取本次耕读课堂的内容，做好自身定位规划，把握好现有优势条件，积极投身基层；也充分体会到了投身基层所需要的热情、付出的努力和永不言弃的精神，坚定了助力基层建设、服务于民的决心，努力在服务祖国和人民的征程中实现自己的人生价值。

吴玉玉，女，汉族，1999 年 2 月生，山西稷山人，中共党员，大学本科学历，2020 年 12 月参加工作，现任山西省运城市稷山县稷峰镇原家庄村支部书记助理。在校期间曾获优秀学生干部、优秀团干部等荣誉称号。

交脱贫答卷　谱振兴新篇

2021 年 4 月 23 日下午，山西农业大学“耕读讲堂”之“庆五一，迎五四”劳模座谈沙龙活动在太谷校区举办。山西农业大学杨武德、郭平毅、李贵全、畅志坚和温辉芹等省级劳动模范和五一劳动奖章获得者应邀出席座谈沙龙，主要分为“感谢 · 劳模精神桃李芬芳”“分享 · 劳动教育传经送宝”“交流 · 教育心得相互研讨”“学习 · 学习劳模奋勇争先”“总结 · 师德师风再上台阶”5 个环节。本次活动由教务部主办，农学院承办。

山西省劳动模范李贵全回顾了自己的工作经历，讲述自 1980 年入职山西农业大学以来，认真教学、潜心科研，主要做了“育

人”和“育种”两件事，并用自己的科研成果证明了，只要付出终有回报，勉励广大青年教师和学生要认真做好科研，促进成果转化，服务社会。

山西省五一劳动奖章获得者郭平毅回顾了自己学生时代的经历，讲述了自己恩师的故事，就如何加强师德师风建设，促成良好学风教风，表达了自己的见解，他指出老师要热爱、关爱学生，对学生要心怀大爱；作为学生，要尊敬老师，认真好学，在新时代有所作为。

山西省农林水系统五一劳动奖章获得者畅志坚回顾了自己的求学和工作经历，强调新一代农学人当以老一辈农学人中的先进典型为标杆，热爱自己的专业，持续深耕，做好工作，传承老一辈先进模范的光辉品格。

山西省农林水系统五一劳动奖章获得者温辉芹结合当代大学生的特点，回顾了自己求学和工作经历，讲述了自己从刚开始不喜欢农学专业到现在专业不离手的转变，勉励在座的师生只要坚持肯干，肯定能有所作为。

山西农业大学新进青年教师王利祥和黄婷苗分别就工作中遇到的比较困惑的问题，请教了在座的劳模们，大家畅所欲言，热情互动交流。一句句恳切的话语流露出劳模关爱青年教师的深切情怀，闪耀着劳模精神的光辉。

随后，山西农业大学学生代表畅所欲言，纷纷表示要学习劳模老师持之以恒、爱岗敬业的精神，多参加生活实践、社会实践和劳动实践，培养自身的实践能力和创新思维。

苑浩冉同学说道：刚才听了各位老师的发言，我深受启发。在座的很多老师，坚持在自己的小麦、大豆、谷子等育种领域持续深入研究，都取得了不菲的成绩，我们要学习老师持之以恒、爱岗敬业的精神。我们这一学期学习了“农事学”这一门课程，在上个星期我们跟随老师到农作站进行了早熟作物的种植工作，学习了很多关于种植方面的知识，这是我们在课堂上学习不到的内容，只有经过亲身实践才能得到经验，体会劳动的快乐。热爱劳动是我们中华民族的优良传统，学习和劳动是分不开的，学习可以更有效地提高劳动效率，掌握更科学的劳动方法，实践劳动可以激发我们进一步探索农业奥秘的兴趣。

胡羽彤分享：很高兴能够作为今天的学生代表参加本次座谈会，刚才听学院老师们的有关发言，我感觉收获很大，各位老师在自己的专业领域，十年如一日的坚持，带给了我们很大的精神鼓舞。我入学以来就在犹豫以后是要直接找工作还是要考研，现在偏向于考研了。我自己也主动联系学院的老师去参加她的实验项目，就是希望提前了解到更多的专业知识，我觉得只有在一个专业领域持续学习，不断提高自己，才能有所作为。

韩嘉琪同学说：我认为学习和劳动是分不开的，我们在校学生学习，其实是属于脑力劳动的一种，好好学习也就是认真劳动，认认真真的参加实践劳动，也是一种学习。就我而言，我所学的农学专业，包含作物栽培学、农事学等课程，学习这些理论知识让我在农事实践时更加得心应手。此外，在农事实践中，我也会从劳动中学习到一些书本上没有的东西，收获颇丰。就我们现阶段来说，只有经过生活实践、社会实践、劳动实践的锤炼，才能培养自身的实践能力、批判性思维和创新思维。

牛尚杰同学说：当前，国家急需要创新型人才，我认为单纯的掌握理论知识，停留在课本上很难创新，只有掌握好了理论基础，再在实践中运用，挖掘创新点，才有可能取得创新性的学习成果。在座的各位老师都在自己领域有独特的创新。我们要学习各位老师的创新精神，只有肯学肯干肯钻研，才能练就一身真本领，才能在劳动中体现价值、展现风采、成长成才。经过这次活动，我更加坚信了自己的人生目标。各位老师这种水滴石穿般的坚韧精神，是我努力学习的方向。最近，我们也跟随老师去农作站种植了我们小组的作物，实践出真知嘛，我要在今后的实践生活中以各位老师为榜样，努力将自己做到更好。

发挥科技优势　助力脱贫攻坚

2021 年 5 月 12 日上午，山西农业大学“耕读讲堂”教学活动在太谷校区致远堂举办。山西农业大学派出坚守农村的第一书记卫顺生应邀做了题为“发挥科技优势　助力脱贫攻坚”的专题讲座。本次教学活动由教务部主办，动物医学学院承办。

卫顺生以自己个人的工作经历为切入点，讲述扶贫故事，分享心路历程。他指出，脱贫攻坚工作贵在落实和因地制宜，社会主义是干出来的，幸福是奋斗出来的，脱贫攻坚战不是轻轻松松一冲锋就打赢的。要深入贯彻习近平总书记在 2020 年底中央农村工作会议上的讲话精神，要坚决守住脱贫攻坚成果，做好巩固拓展脱贫攻坚成果同乡村振兴有效衔接，工作不留空档，政策不留空白，继续精准施策。

此次耕读讲堂活动反响强烈，参加讲座的同学们表示，深切感受到扶贫并不是一个口号，脱贫也不仅仅是个结果，更是我国全面推进乡村振兴和全面建设社会主义现代化国家新征程的新起点，是我国实现中华民族伟大复兴的必经之路。卫顺生鼓励同学们要用知识武装自己，用奋斗书写未来，为新时代的成就鼓掌欢呼，为实现两个一百年的奋斗目标奋勇前进。

据悉，2018 年 11 月上旬，卫顺生被山西省农科院派遣至代县上磨坊三家村，该村于 2015 年被认定为国家级贫困村。面对贫苦落后的复杂环境，卫顺生书记深入考察，大胆开拓新思路，带领当地居民养殖肉羊，种植小麦，大力发展当地特有的葡萄产业。在全力推进脱贫攻坚工作的同时，他把群众满意度作为衡量脱贫成效的重要尺度，竭尽全力解决当地贫困群众的基本需求。

扎根农村　全身心投入脱贫攻坚

2021 年 5 月 14 日下午，山西农业大学“耕读讲堂”教学活动在书林堂举办。山西农业大学研究生院学科建设办公室主任、代县聂营镇黑山庄下街村第一书记富振华应邀做了脱贫攻坚专题讲座。本次教学活动由教务部主办，软件学院承办。

富振华结合自身工作经历，从“什么是精准扶贫、为什么要精准扶贫、精准扶贫怎么做”三个方面为到场师生详细讲解了自己是如何理解、如何去做、如何利用自己的专业特长带领全体村民走上脱贫致富奔小康的道路。富振华希望同学们在今后的生活

中学会把握机会，学会有效学习，主动投身到基层工作中，为乡村振兴贡献智慧和力量，让青春在为祖国、为人民、为民族的奉献中焕发出绚丽的光彩。

讲座结束后，同学们纷纷表示，今后会继续学习和弘扬农大人在脱贫攻坚中的使命和担当，传承坚韧不拔、锲而不舍的优秀品质，积极顺应时代潮流，以实际行动践行“上下同心、尽锐出战、精准务实、开拓创新、攻坚克难、不负人民”的脱贫攻坚精神。

富振华，中共党员，现任山西农业大学研究生院学科建设办公室主任。自2015年12月起，受山西省委组织部选派至山西省忻州市代县担任驻村第一书记，期间连续四年考核优秀，荣获2017、2019、2020年度优秀第一书记，忻州市人民政府驻村帮扶模范第一书记，山西省人社厅脱贫攻坚专项奖励嘉奖等荣誉称号。

因地制宜，发展产业　攻坚克难，不负乡亲

2021年5月26日上午，山西农业大学“耕读讲堂”教学活动在太谷校区勤学楼7B-2阶梯教室举办。山西农业大学卫一超老师应邀做了题为“因地制宜，发展产业　攻坚克难，不负乡亲”的专题讲座。本次教学活动由教务部主办，农业经济管理学院承办。

卫一超结合自己多年来在基层一线的扶贫经历和感受，宣讲了脱贫攻坚伟大成就，展示了山西农业大学师生在脱贫攻坚中的使命和担当，使大家进一步感悟中国特色社会主义制度的优越

性，增强道路自信、理论自信、制度自信、文化自信，激发扎根“三农”一线、投身乡村振兴的使命感。让同学们了解了国家决战决胜脱贫攻坚的伟大成就和接续乡村振兴展现的国家担当，激励了在座大学生“强农兴农”的责任情怀。

卫一超老师自2017年至今先后在娄烦县米峪镇乡挂职乡党委副书记，山西农业大学（山西省农业科学院）驻娄烦县石峪村、柴厂村工作队队员，曾获山西省农业科学院“优秀党务工作者”“优秀扶贫工作者”山西农业大学“‘五四’青年标兵”等荣誉称号。

担当振兴种业使命　投身良种繁育事业

2021 年 10 月 10 日，山西农业大学“耕读讲堂”教学活动在太谷校区书林堂举办。“全国五一巾帼标兵”“山西省劳动模范”曹果清教授做了题为“担当振兴种业使命　投身良种繁育事业”的耕读讲座。本次教学活动由教务部主办，动物科学学院承办。

讲座伊始，曹果清教授首先对个人的基本情况、工作简历以及所获得的学术奖励、荣誉称号、学术荣誉等方面进行了简单介绍。接着，曹教授以猪为例，介绍并分析了我国畜禽种业的现状以及产生种业危机的原因。她以晋汾白猪为例，从选育、杂交、培养等方面进行了详细介绍，论证了品种培育是畜牧业健康发展的不竭动力。曹教授又以马身猪为例，从马身猪的保种、利用，以及马身猪组学的研究和未来方向出发，对马身猪的利用以及养殖情况进行了深入介绍，说明了遗传资源的保护是畜牧业可持续发展的物质保障。

最后，曹教授结合自身长期从事品种繁育工作的经历向同学们提出希望，希望同学们能从本次讲堂中受到启发，明白坚持对个人成长的重要性，并从学习成绩、英语成绩、大学生创新项目等方面提出建议和要求，希望同学们能够在大学四年充实自己的“简历”，不给自己的将来留下遗憾。

努力才有希望　拼搏才能成功

2021 年 10 月 14 日，山西农业大学举办的“耕读讲堂”教学系列活动在勤学楼千人报告厅开展。全国五一劳动奖章获得者、国家杰出青年科学基金获得者、国务院政府特殊津贴获得者、国家新世纪百千万人才工程国家级人选朱兴全教授作了“努力才有希望　拼搏才能成功”的讲座。本次教学活动由教务部主办，动物医学学院、动物科学学院、草业学院承办。

活动伊始，朱兴全教授以“从放牛娃到知名学者、全国五一劳动奖章获得者”为导语开始了此次报告。他通过对自身履历进行详细介绍，鼓励同学们努力拼搏，激情奋斗，为自己创造幸福生活。据悉，朱兴全教授曾于 1995 年获中国青年科技奖，2008 年获全国五一劳动奖章等荣誉。在党和国家的帮助与支持和自身不懈的努力下，朱兴全教授从一名普普通通的农村孩子成长为了一名杰出的科学工作者。

在互动阶段，朱兴全教授认真为学生们解答了关于研究生如何应对繁重学业，对研究实验应持何种态度，本科生毕业后学业及就业规划等一系列问题。此次“耕读讲堂”活动使学生们从朱教授身上领悟到了不懈的奋斗带来幸福，激情的青春从来无悔的积极人生态度。

耕读讲堂
2021.10.14

久久为功　担当作为

——持续在一个战场打赢两场战役

2021 年 10 月 18 日下午，山西农业大学“耕读讲堂”教学活动在太谷校区书林堂举办。山西农业大学林学 78 级优秀校友、吕梁市副市长尉文龙做了题为“久久为功　担当作为　持续在一个战场打赢两场战役”的讲座。本次教学活动由教务部主办，林学院承办。

尉文龙结合自己的人生经历，分享了他对于学习、工作的感

受，简要介绍了吕梁市“在一个战场打赢两场攻坚战”的生态扶贫模式和所取得的成绩与荣誉，还就我国当前林草事业面临的形势、任务、问题展开详细解说，并就林草事业发展提出对策及建议。

他希望，广大青年学子能够结合报告，思考如何强化历史使命感和时代责任感，合理规划大学生活和职业生涯。同时，希望广大师生能够紧紧抓住我国林草事业的五大发展机遇，努力在林业、草原、国家公园“三位一体”融合发展的历史进程中，思路上再创新、业务上再精进、作风上再扎实、行动上再发力，以更加积极务实的工作，续写林草事业新的传奇。

学习脱贫攻坚精神　助力乡村振兴伟业

2021 年 10 月 18 日，山西农业大学“耕读讲堂”教学系列活动在太谷校区主楼 210 举办。5 位山西农业大学驻村优秀第一书记为青年教师、学生党员和学生干部代表分享了他们在脱贫攻坚工作中的经历及感悟。本次教学活动由教务部主办，农学院承办。

山西省太原市娄烦县米峪镇乡石峪村驻村第一书记郝变青从“贫困的基本内涵”“造成贫困的主要原因”“如何脱贫”“驻村第一书记具体做哪些方面的工作”“脱贫攻坚的重要意义”“如何实现脱贫攻坚与乡村振兴的有效衔接”等 6 个方面，回顾了她在脱贫攻坚工作中的经历和收获，展望了未来乡村振兴事业的前景。

山西省忻州市五台县东冶镇新堡村驻村第一书记曹晓宁深情回顾了驻村工作及参与乡村振兴伟大事业的心路历程。他与同学们分享了在驻村工作中遇到的问题、困难及解决办法，用朴实的语言向同学们展现他在扶贫工作中的成长经历，对于支持自己的领导、同事及家人表示由衷的感谢。

山西省晋中市和顺县牛川乡牛川村驻村第一书记岳培荣结合他多年的基层工作从 6 个方面与同学们分享工作心得及体会。他谈到，作为新时代大学生要努力掌握专业文化知识，做到知农爱农，为未来的乡村振兴贡献个人力量。

山西省太原市娄烦县米峪镇乡柴厂村驻村第一书记陈冲与同学们分享他通过加强村级党组织建设，带领当地干部群众完成了精准稳固脱贫、改善人居环境、夯实乡村治理等切实为村民谋福利的故事，鼓励同学们厚植人民情怀，在未来深入基层，服务三农。

山西省太原市娄烦县米峪镇乡石峪村驻村第一书记孙迪围绕“奉献精神”“深入群众、团结群众”“乐观积极向上”这 3 个关键点分享了个人的收获与体会，希望同学们扎扎实实学习专业知识，在未来农村广阔的天地上大展拳脚。

与会同学们也畅所欲言，对于各位驻村第一书记在乡村建设中的贡献表示由衷的感谢。大家表示要学习各位书记扎根基层、无私奉献的精神，在日常的学习中牢牢掌握理论知识，同时主动深入基层，将理论知识与“爱农兴农”实践紧密结合起来。通过“耕读讲堂”“劳动教育”等活动，强化实践锤炼，学以致用，把自己的所学所得所悟，自觉运用到“服务三农”“振兴乡村”的伟大事业中，努力将自己塑造成德智体美劳全面发展的“一懂两爱”的新型农业人才。

关注产业难点　创新发展理念

2021 年 10 月 24 日下午，山西农业大学“耕读讲堂”教学活动在勤学楼 A 座 102 举办。山西农业大学邀请新希望六合禽产业研究院院长许毅博士做了题为“关注产业难点　创新发展理念”的讲座。本次教学活动由教务部主办，动物科学学院承办。

讲座伊始，许毅博士就个人求学经历及工作研究情况进行了简单介绍。随后，许毅博士从鸡与鸭的养殖、生产与生活习性等方面分析了家禽生产关键问题，并提出相应解决措施，提出规模化与集约化是大势所趋，从当前肉鸡与肉鸭养殖分析，将养殖规

模、养殖场所、环境以及笼具的高度等进行鸡鸭对比，明确市场行情。接着，从动物所患疾病指出要控制原发病减少继发病，需要从饮食质量、饮水质量、一二季度疫情和疫情检测方案等方面入手，减少病毒在养殖中肆意传播。最后，许毅博士从对大规模养殖与禽产业 BU 饲料质量的分析，指出大规模养殖需要集中育雏，原料中的毒素是对饲料影响的最大因素，应该从原料处着手改善饲料。同时，许毅博士结合大家的学习情况提出宝贵意见，鼓励同学们坚定行业选择，认真学习，努力创新。

本次耕读讲堂活动，使同学们进一步明晰了畜牧行业发展模式，明白当前鸡鸭养殖行业发展现状以及面临的挑战。同学们对自己做了明确的定位，纷纷表示将坚定学农爱农的理想信念，做好自身规划，把握现有优势条件，努力学习专业知识，不断提高专业素养，以自身行动积极投身乡村振兴，成长为德智体美劳全面发展的知农爱农新型人才。

弘扬新时代科学家精神

2021 年 6 月 28 日下午，山西农业大学“耕读讲堂”教学活动在园艺学院会议室举办。山西农业大学园艺学院邀请张志善研究员，为园艺学院师生做了“弘扬新时代科学家精神”主题讲座。本次教学活动由教务部主办，园艺学院承办。

张志善研究员从其人生经历出发，回顾了他成为党员 53 年来，对党的认识、对党史学习的感受，并围绕他从业以来在山西枣树资源收集、资源圃建立、枣树产业发展等方面做出的贡献展开讲述。张志善研究员结合自身经历提出青年教师要发扬中国共产党不怕苦、不怕累的精神，要意识到种质资源的重要性，要将

生产实践与理论相结合，解决生产实践中遇到的问题，要肩负起时代赋予的重任，助力山西园艺产业振兴。

山西农业大学园艺学院副院长李森在总结时指出，张至善研究员的报告意义高远、内容丰富，不仅是张志善研究员人生经历的回顾，也是我省果树产业发展的历史，特别是对我们青年教师推进山西园艺产业发展和振兴具有非常重要的指导意义。我们应该结合张至善研究员的报告，认真思考如何肩负起山西园艺产业振兴的重任。

扣好人生第一粒扣子　让青春在田野中绽放

2021 年 9 月 25 日，山西农业大学“耕读讲堂”教学活动在实验大楼致远堂报告厅举办。常明昌教授应邀为食品科学与工程学院 2021 级本硕新生做了“扣好人生第一粒扣子　让青春在田野中绽放”主题报告。他勉励同学们，要在人生最美好的年华努力奋斗，以青春为底色，培养自强有为、艰苦卓绝、勤奋刻苦的高尚品格，不忘初心实现自我价值，牢记使命为中国特色社会主义事业的发展增砖添瓦。本次教学活动由教务部主办，食品学院承办。

常明昌教授以“初心”为切入点展开，他指出，学生的初心是学习。围绕大学生的学习，他讲了以下三方面：一是为什么学？大学生努力学习是实现自我人生价值的需要，也是成长为德才兼备、全面发展的社会主义事业建设者和接班人的需要。二是如何学？结合自己成长的经验，他指出，“授人以鱼，不如授人以渔”，大学阶段个人完成的主要任务是学习能力的提升，要在实践的基础上努力探索适合自己的学习方法。他还结合个人成长经历，针对当前大学生网络成瘾、学习态度不端正等问题，提出了树立正确的“三观”、做好人生规划、坚持学习英语等具体建议。三是未来的就业状况。结合自己从教多年的经验，他分别对考研、就业和创业进行了分析，希望同学们及早制定人生规划，围绕目标，在学好专业基础知识的基础上，树立创新创业意识，努力提升实现自我人生价值，提升为人民服务、为社会主义服务的本领。

常明昌，九三学社社员，山西农业大学二级教授、山西省委联系服务的高级专家、三晋英才、中国食用菌协会副会长、山西省食用菌协会会长、山西省食用菌产业体系首席专家。35年来，常明昌教授致力于食用菌教学、科研、成果转化、科技扶贫和乡村振兴，先后荣获“全国五一劳动奖章”“全国师德标兵”“全国脱贫攻坚创新奖”“全国道德模范提名奖”“全国食用菌产业扶贫带头人”“中国科技扶贫十五年杰出贡献者”“省五一劳动奖章”“山西省脱贫攻坚奖创新奖”等30多项国家、省级荣誉称号。

热爱劳动　热爱生活

2021 年 11 月 24 日，山西农业大学“耕读讲堂”教学活动在农业工程学院二楼会议室举办。教学院长邢泽炳老师和山西农业大学第 31 批扶贫工作队队员张秀全老师担任主讲人，2021 级部分新生到场聆听。本次教学活动由教务部主办，农业工程学院承办。

山西农业大学农业工程学院邢泽炳院长以“热爱劳动　热爱生活”为题，首先向我们阐述了劳动和劳动教育的意义和重要性，根据几十年来新中国的开创者和领导者对劳动和劳动教育的

认识与实践，指出劳动教育是事关民族长远发展的大计。随后邢院长通过与国外的劳动教育实践对比，指出了我们目前的劳动教育中所存在的不足之处，希望我们可以结合实际取长补短。

邢院长寄语同学们要自觉形成劳动观念和劳动意识，坚决摒弃不劳而获、坐享其成的思想，要通过自己的双手辛勤劳动，为社会创造财富，实现自己的人生价值，希望每一位同学从内心热爱劳动、热爱生活。

张秀全老师以“精准扶贫　共建小康——扶贫工作感悟”为题，从“扶贫背景”“驻村帮扶”“工作感悟”“对我们的启发”等方面交流了扶贫攻坚的做法和心得。他谈到，在和顺县牛川乡吕家沟村扶贫工作期间，得到了学校的大力支持和关心关爱，工作成绩的取得是因为有学校的坚强的后盾及全校教职工的支持。他表示，作为山西农业大学农业工程学院的一名党员，为学校的发展而努力工作是他的坚定信念，扶贫攻坚的使命与担当，是他勇敢向前的精神力量。最后，张秀全老师寄语同学们要把初心和使命扛在肩上，以“功成不必在我”的精神境界和“功成必定有我”的历史担当，不畏艰险、苦干实干，早日成长成才，为我国的乡村振兴贡献更大的力量。

只有干出来的精彩　没有等出来的辉煌

2021 年 12 月 1 日，山西农业大学“耕读讲堂”教学活动在书林堂举办。山西锦绣大象农牧股份有限公司执行副总裁刘文革以“只有干出来的精彩　没有等出来的辉煌”为主题，为动物医学学院大一、大二的学生做了报告。动物医学学院副院长王海东主持，动物医学学院副院长孙子龙出席。本次教学活动由教务部主办，动物医学学院承办。

刘文革以他人生的 4 个阶段——初出茅庐（国企）、学有所成（外企）、艰苦创业（合资）、事业有成（民企）进行讲述，并以此鼓励学生们坚守价值，坚持创造，坚定分享，培养健全人格。在问答阶段，刘文革认真回答了同学们有关知识储备、专业方向、创业或深造等一系列问题。他希望同学们能够终身学习，不惧困难，坚持自我，创造未来。

听榜样故事，学榜样精神。通过本次“耕读讲堂”，学生们了解了山西锦绣大象农牧股份有限公司，并对现代化养殖技术有了初步的了解。刘文革实干拼搏的精神感染了同学们，引领同学们前进。

以习近平总书记关于“三农”工作重要论述为指导全面推进乡村振兴

2021 年 12 月 8 日下午，山西农业大学“耕读讲堂”教学活动在致远堂开展。王文昌教授做了题为“以习近平总书记关于‘三农’工作重要论述为指导　全面推进乡村振兴”主题讲座。本次教学活动由教务部主办，公共管理学院承办。

王文昌首先从乡村振兴战略提出的背景和意义向同学们详细讲述了“为什么要实施乡村振兴战略”。他立足于我国基本国情介绍了当前乡村发展的现实情况，从当前农业人口比重、社会主要矛盾的现实要求以及十八大以来我国发展成果等三方面内容出发，具体指出了解决“三农”问题、实现乡村振兴的重要性。接着，王文昌紧扣时代背景，通过通俗易懂的语言和形象生动的案例系统阐述了“产业兴旺”“民生保障”“生态宜居”“三治融合”“乡风文明”对于乡村振兴战略的重要意义，提出政府要给农民更多的话语权，强调群众主体的重要性。最后，王文昌以习近平新时代中国特色社会主义思想为指引，围绕“如何全面推进乡村振兴”提出了自己独到的见解。他通过农产品粮食总产量与需求量的对比，指出必须深入推进农业供给侧结构性改革，强调解决“地”与“人”的问题，深化农村体制机制创新，补齐农村经济发展短板，保障农民收入持续增长，激发农业农村发展内生动力。同时他强调，当代大学生应积极了解时势，尤其是作为公共管理学院的学生，更应该时刻关注国家大政方针，知晓社会发展动向。

通过本次讲座，同学们深刻认识到当前乡村振兴的重大意义，坚定学农爱农的理想信念，激发投身乡村振兴的责任感和使命感，努力成为德智体美劳全面发展的知农爱农新型人才。

把论文写在大地上

2021 年 12 月 10 日，山西农业大学“耕读讲堂”教学活动在崇实楼 615 开展。山西农业大学果树研究所副研究员张生智担任主讲，城乡建设学院副院长段喜明、城乡建设学院党委副书记冯涛，院教务办阎俊丽老师出席此次讲座，土木 2020 级全体学生聆听了讲座。本次教学活动由教务部主办，城乡建设学院承办。

本次讲座内容分为“耕读文化”“阅读—耕耘—追梦”“实现自我价值”“下步计划”和“寄予希望”五个部分。首先，张生智为大家阐释了耕读文化的起源和内涵；随后结合自身经历，向

大家介绍了在实习、科研、社会服务时的辛勤工作和感悟，强调了所有收获都来源于坚持，并希望同学们能在学习中养成孜孜不倦、不骄不躁的良好品质；接着他为同学们介绍了示范基地概况，展示了近年来获得的荣誉，以此鼓励同学们创新发展，实现自我价值；最后介绍了自己的下一步计划，并对同学们寄予厚望，希望城建学子朝乾夕惕，扎根山农，为乡村振兴投身献力。

本次讲座深入解读了开展耕读实践、举办耕读讲堂、弘扬耕读文化的伟大意义，为同学们勾勒出了乡村振兴的壮阔蓝图。在接下来的乡村振兴伟大事业中，城乡建设学院将力行科教兴农实践，全力培育知农爱农新型人才，为实现农业农村现代化添砖加瓦。

文化篇

让耕读之花绽放农大

刘柏雅　田佳丽　刘彤　王明洋　路子敬　赵学成
物流 1902 班

简介：中国自古以农立国，农业生产不仅哺育了中华民族的体魄，而且滋养着中华民族的灵魂，"耕"与"读"统一于中国人的生活方式，传达了一种家国情怀，一种价值追求。

开展耕读文化特色教育，让耕读理念进入校园、进入课堂，是德智体美劳全面发展的重要内容，有利于培养学生坚韧的品质。本视频记录了农大学习生活的点点滴滴，重点突出农大考研学子的艰辛，以此表达"耕读文化"的内涵。

（视频二维码）

耕读点亮生活　创新成就梦想

胡佳欣　王慧慧　薛晓露　王欣
软件 1919 班

简介： 我们组内的 4 位成员，通过对教室进行打扫体验了劳动的乐趣。我们有序地分配好各自工作的内容，在一片欢声笑语中展开了打扫活动。同学们都以饱满的热情投入劳动中，充分展现了一名大学生应有的良好品德。我们也打扫了路边的落叶，大家集思广益用落叶制作了手工艺品，将耕与读相结合。志愿劳动是服务他人的一种方式，也是传递爱心的一个过程。志愿服务既是“助人”，亦是“自助”，既是“乐人”，也是“乐己”。

同学们通过劳动不仅能为美化校园环境贡献一份力量，更能提高自己心中的社会责任感和服务意识。在本次活动中，同学们发扬了不怕苦、不怕累、不怕脏的精神，深刻地体会到了爱护校园、环境清洁的重要性。在同学们的热情劳动中，我们不仅提升了自己的劳动品质，更是将劳动精神铭记于心，这将为我们日后的学习和工作奠定坚实的基础。

（视频二维码）

二十四节气手书

何啸　李咏政　丁家和
智能 1901 班

简介：二十四节气中的每一个节气都蕴藏中国人洞察天地的智慧，蕴含着生存智慧与生活哲学，是先人立身处世的生活方式，是人与自然天人合一的精神追求，是中华民族极具个性的科学和文化遗产。它将天文、物候、农事和民俗等完美结合，千百年来一直被我国人民所沿用。二十四节气中到底有哪些节气和民俗活动？我们将以自己的视角给出独特的答案。

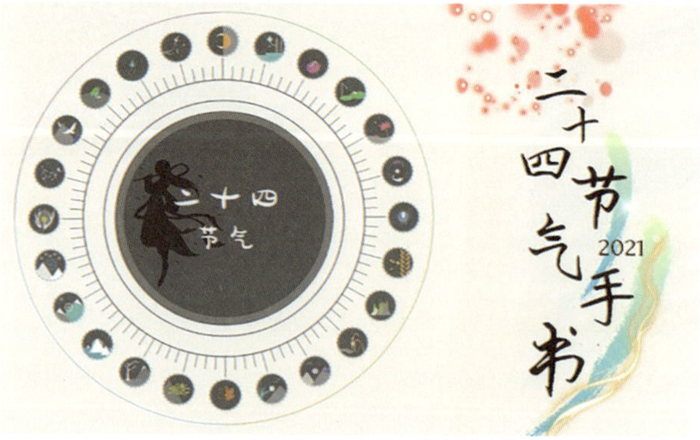

（视频二维码）

传承耕读文化　打造耕读校园

段嘉玲　王楠婷　石茹凤　白婷婷　刘艳　郭江鑫　张凯
物流 1901 班

简介：以弘扬耕读文化为主，利用多媒体手段，将学生在校园内各个场景的学习生活串联起来逐一体现，并在相邻的场景间加入不同的过渡形式，使作品更富整体性和趣味性。

场景一：发生在与学生息息相关的宿舍内。宿舍是我们的小家，通过展现宿舍内部场景以及舍友之间的相处和学习情景，可

以更好地展现舍友之间团结友爱的风采。

场景二：通过手账记录劳动周点滴，分享感悟与体会。

场景三：在进行完一天的忙碌后，谷园成了我们最后的归宿。一碗热乎乎的牛肉汤，一份带着来自餐厅阿姨关爱的热乎乎的小笼包，一份满满当当的大米盖饭慰藉着每一位农大学子的心，使我们心暖暖的。

场景四：作为一所百年老校，我们学校可谓是一座历史博物馆。徜徉其间，只觉身心愉悦。作为一座农业高校，学校的二十四节气园必须要说一说。二十四节气与我们的农业劳动息息相关，耕读文化也得到了一步步地提升与传承。

最后，希望通过作品展现山西农业大学的耕读文化，展现一所有百年文化内涵的涉农高校。

（视频二维码）

手绘节气·惊蛰

张琳　牛健军　穆奕伟
智能 1901 班

简介：起源于黄河流域的二十四节气，凝聚了古人的非凡智慧。我们的祖先通过观察太阳一周年的运动，总结一年之中时令、气候、物候等方面的变化规律并以此为依据，形成了节气文化的知识体系。这一体系深刻地揭示了四季轮回的客观规律，成为农耕时代社会生产、生活的实践指南。

二十四节气反映出的气候变化、雨水多寡和霜期长短，是古人长期对天文、气象、物候进行观测探索和总结的结果，对农业生产具有重要的指导意义和深远影响。我们的作品主要通过手绘惊蛰节气的几个主要特征，同时加入一些对惊蛰节气的知识介绍，并结合计算机专业的学科优势，对作品进行后期美化调整。

通过本视频，使大家能够对我国的传统农耕文化有所认识，尤其是对惊蛰这一节气有深刻理解和感悟，清楚其在农耕社会乃至当今社会的作用及意义。更重要的是，我们希望我们的作品能够让大家意识到劳动的形式是多样的，我们不应该只局限于劳动就是劳作这一思想层面，窄化劳作的范围，而应当跳出思维定式，全面地看待劳动。

（视频二维码）

耕为本务　读可荣身

方伶俐　邓凤姣　闫珏　李东颖　王思琪　薛博雯
景观 1901 班

简介：我们组的作品分为 2 部分，第一部分通过拍摄与讲解勤耕园内主要景点结合劳动教育主题展现校园中耕读文化环

境，并起到弘扬劳动精神与意义的作用。第二部分以本宿舍同学一天的学习、劳动、生活为例展开叙述，通过记录早上起床、日常锻炼、吃饭和校园中的农耕文化介绍，向同学们传达养成良好的生活习惯、拥有良好的身体素质以及珍惜粮食的重要性，以真实的面貌展示大学生积极向上的生活态度与劳动光荣的思想观念，让自己也明白劳动的意义。将这两部分剪辑在一起，教育自

己的同时还能够弘扬劳动教育的意义，让同学们都认识到劳动教育也是人格教育。学校应该教育学生尊重劳动和劳动者，引导学生认识到每一位劳动者和每一种工作都值得被尊重。

（视频二维码）

弘扬耕读文化　昂扬青春风采

胡淑菲　王艺卓
数媒1902班

简介：本视频介绍了在校园耕读教育实践中弘扬优秀传统文化。我们从二十四节气文化中，知道了一粒种子的使命与成长，了解了蕴含在中华传统农耕文化中的劳动智慧。我们通过了解农耕的辛苦，养成勤俭节约的习惯，呼吁大家节约粮食，一米一粟当思来之不易，让我们拒绝餐饮浪费，加入光盘行动，一起对浪费说“不”！

（视频二维码）

耕读

——守住中国的未来

徐家鑫
风景 1901 班

简介：本作品展示了大学生晨读、日常学习生活以及做学习计划的过程。从晨读地点入手，使大家联想到新中国成立前在花厅进行革命抗战的学生，感悟和继承耕读精神。

（视频二维码）

耕读教育成果展

胡蓓蓓　黄倩　张瑞琴　杨荟佳　赵鹏婧　李馨月
国贸 1901 班

简介：我们此次作品以日常生活劳动为主题，将生硬的文字变成了有趣的视频，这也是我们作品的亮点及优势。视频包括 3 部分内容：第一部分，介绍二十四节气以及其所对应的农事活动，让我们对中国的传统节气有了更加深入的了解；第二部分，介绍谷园餐厅以及倡导学生学习传承耕读教育的重要内容——节约粮食，让节约粮食的精神深入人心；第三部分，介绍我们如何做好宿舍卫生以及形成了什么样的宿舍文化，同时在此文化熏陶下如何进行学习，帮助我们组成了一个和谐幸福的大家庭，也让我们学会了互帮互助、团结友爱的相处之道。

（视频二维码）

践行耕读精神

王钰　曹娜　吴春丽　蔡俊杰　徐林杰　朱伟杰　曹鑫涛
生态 1901 班

简介：“耕读”是一种文化，一种精神，“耕读传家”是中华民族的优秀传统。站在时代的潮头，我们青年人正处在民族复兴的伟大进程中，既面临着难得的建功立业的人生际遇，也肩负着“天将降大任于斯人”的时代使命。我们要不忘初心，志存高远，脚踏实地，积极投身于实现中华民族伟大复兴的浪潮中，用青春传承“耕读”精神，以奋斗书写人生华章。

（视频二维码）

传承耕读文化　营造幸福校园

刘朝霞　台晓颖
数媒1902班

简介： 作品主要通过勤学好读来体现深厚的校园读书文化。传承耕读文化让当代大学生明白读书的重要性以及学习科学文化知识的作用。

（视频二维码）

耕耘更知韶光贵

刘汝静　余佳鑫　薛翔
国贸 1901 班

简介：幼时我们曾吟诵，“春种一粒粟，秋收万颗子”。后来听陶渊明说，“晨兴理荒秽，带月荷锄归”。卢梭说，“劳动是社会中每个人不可避免的义务”。亚当·斯密认为，劳动是国民财富的重要源泉之一。马克思认为，劳动是人满足自己生存和生活需求，使自己获得主体性的过程。

古往今来，劳动从最简单的活动，上升到了理论层面，成为众多经济学家潜心研究的领域，而在每个人的学习实践活动中，又被解读出更多含义。那么，劳动到底是什么？最初，我们学习劳动与价值的关系，似有所悟，却又心生迷惑。后来，我们走进果树所，经历劳动周，在阳光下挥洒汗水，以为那就是劳动、那就是耕耘。最后，我们发现，劳动是价值的唯一源泉。作为经济学专业的学生，从最初接触政治经济学，就不停探索劳动之于个人与社会的意义，经历了本学期的劳动实践教育，才发觉劳动最光荣、最崇高、最伟大、最美丽。征途漫漫，惟有奋斗。只争朝夕，不负韶华。在中国特色社会主义新时代，我们要大力弘扬工匠精神与劳模精神，将“奋斗者最美”的精神内化于心，外化于行，落到实处。

（视频二维码）

农大校园里的“耕”与“读”

蒋艳　石熙嘉
经管 1902 班

简介：我们小组作品的主题为农大校园里的“耕”与“读”。第一部分为经管专业学生的学习生活。在日常的专业课学习之余，到图书馆、勤学楼、5 号楼进行自主学习，自觉的学习意识是取得优异成绩的前提，而树立明确与合适的目标有助于同学们提高学习意识与学习动力，也可使学习效率大大提高。体现了农大学子勤奋学习，努力进取的精神面貌。第二部分为餐厅饮食。四方食事，不过一碗人间烟火，经过几个月的重新整改，谷园已焕然一新。在享受农大美食的同时，也不能浪费粮食。谷园餐厅一层有一面种子墙，种子是我们农业院校耕读文化非常重要的一个元素，一粒种子可以改变一个世界，寓意我们农大学子能够像一粒种子那样，破土萌芽茁壮成长。

第三部分为校园里的“耕读”建筑。图书馆前的耕牛、勤耕园，处处体现着农大的“耕读”文化。

（视频二维码）

学习耕读文化　争做勤劳农大人

韩艺杰　王怡珺　任雅淇　贾美美　李佳怡　连欣哲
园林 1903 班

简介：农耕文化是我国农业的宝贵财富，是中华文化的重要组成部分。我们着眼于人与自然的和谐，着力推动农耕文明的保护和传承工作，让越来越多的人感受到中国农耕文化的魅力。这

个作品描述了校园中的耕读文化，“耕”不仅是一种生产生活方式，“读”也不只是为了读书考试。辛勤劳作的同时，可以培养勤劳务实、吃苦耐劳、脚踏实地的品质，感受“粒粒皆辛苦”的辛劳与不易，有助于养成勤俭节约的习惯。读书则可以立志、修

身、立德，激发“以天下为己任”的责任感和担当意识。耕读培育良好的行为习惯和高尚情操，滋养个人道德品格，从而使得家庭和睦、社会和谐。

（视频二维码）

传承耕读文化　塑造时代人才

侯利杰　任梦瑶　谷会贤
物流 1901 班

简介：我们小组的作品属于日常生活劳动教育范畴，分为劳动周劳动和介绍校园两部分。通过劳动体验，我们对劳动这一最

简单也最伟大的事业有了更深层次的理解。劳动绝不是卑微的，相反它是最值得称颂与尊重的。我们每天都在劳动着，同时也在享受着别人的劳动成果。珍惜所拥有的东西是我们每个人义不容辞的责任。我们应该把勤俭节约、热爱劳动这些中华优秀传统美德铭记心中，贯穿于日常学习生活中。

图书馆旁枫叶林里的耕牛石雕是学校的独特地标。平日

里，枫叶林是我们学习和休憩嬉戏的好场所，而耕牛石雕代表生机、勤恳、奉献的意义，深受我们的喜爱，大家将它视为耕读教育素材，以激励自己奋发有为，开拓创新。

（视频二维码）

农大耕读文化

李进茹　郜思宇　张嘉鑫
数媒 1902 班

简介： 当我们明白劳动所带来的真正意义时，知识和经验便自然而然地融入我们的生活中了。

日常生活劳动教育是我们这次作品的主题，我们在劳动中学习，在学习中反思，在反思中成长。

（视频二维码）

润泽千秋　万物之生

李昱莹　费连会
智能 1901 班

简介：该视频是一部歌颂中国上下五千年农耕文化的诗歌，从几千年以前老祖宗开垦荒地开始，到如今人们在农业上有着无比恢宏的建树，其间离不开人们的智慧头脑。古代劳动者观

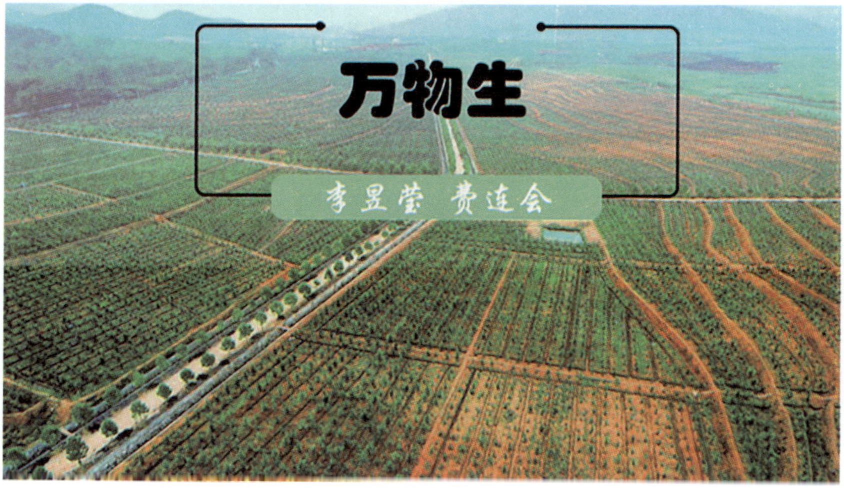

星辰、识节气、编著脍炙人口的农耕谚语，如“清明前后一场雨，豌豆麦子中了举”，又如“正月二十太阳现一现，棉花是个丰收年”。这些凝聚着古人智慧与经验的谚语如今依然适用，中华上下五千年，人类离不开农耕，在这个漫长的发展过程中，农耕文明和游牧文明在各自的世界里不断发展、演变，而农耕文明

的地域多样性、历史传承性和乡土民间性，不仅赋予中华文化重要特征，也是中华文化之所以绵延不断、长盛不衰的重要原因。以诗歌的旋律歌颂农耕文化润泽春秋、万物始源。

（视频二维码）

节气，你了解吗？

——节气与农事介绍

杜鑫茹　王春凤　李丹苹　师欣然　章方舟　于珈　顾艺　毕安钰
经管 1902 班

简介：二十四节气是中国古代订立的一种用来指导农事的补充历法，是反映天气气候和物候变化、掌握农事季节的工具，是中国古代劳动人民长期经验的积累和智慧的结晶，是华夏祖先历经千百年的实践创造出来的宝贵科学遗产，千百年来影响着千家万户的衣食住行。2016 年 11 月 30 日，“二十四节气”被列入联合国教科文组织人类非物质文化遗产代表作名录。

知晓节气文化，感悟劳动智慧。我们学校在对校园文化进行策划设计时，巧妙地将二十四节气这个中国传统文化的结晶融入校园环境中，为师生提供了一个陶冶性情的生活与学习环境，我们作为农业学校的

知农爱农人，随时随地感受到艺术与传统文化的感染和熏陶，感叹古代劳动人民的集体智慧。人类因为有目的的劳动成就自身，同时因为有价值的劳动改造社会，发展社会。“劳动”对于我们而言不只局限于它所带来的直接价值，更在于其具有一种在共同的劳动中养成的劳动观念、公民意识价值。做热爱劳动的人，让传统文化发扬光大。

（视频二维码）

实践篇

忻州市定襄县季庄乡横山村实习（1）

郭嘉琳
种子 2002 班

实习内容： 关爱乡村儿童，助力教育兴农。

为激发孩子们的学习兴趣，开拓视野，给孩子们的假期带来欢乐，7 月 15 日下午我们在横山学校开展了耕读实践课堂。课前，我们与孩子们互相做自我介绍。课堂上，给孩子们播放电影《建党伟业》，带领着孩子们重温中国共产党建党那段峥嵘岁月，感受革命先辈崇高的信仰，他们用青春与热血，描绘出新生中国，让孩子们深切地感受到我们今日的一切，都与他们当年的奋斗和努力息息相关、血脉相连。

随后，在我们的组织下，队员们与小朋友们分别进行了“你画我猜”等小游戏，帮助同学们掌握学习的简单小技巧，将学与玩相结合，让孩子们更加愿意去学、主动学习。

教室里，我们通过幽默风趣的讲课风格，耐心细致地为同学们解答疑惑，同时根据自身所学，教给孩子们解决此类题的方法。在孩子们的眼中，我们俨然成为神圣的老师，为他们带去以往没有接触过的知识。通过细致入微的询问与讲解，深入地了解孩子们平时的在校学习状况，更切实地了解孩子们在校生活中所遇到的学习困难，为孩子们的学习提供了极大的帮助。

在自然科普课上，我们队员利用所学专业知识，带领孩子们观察昆虫标本，认识“神奇的动物世界”，为他们简单地讲授昆虫构造，区分害虫和益虫，帮助孩子们在观察学习中了解自然的奥妙，进而去发现探索大自然的神奇力量。孩子们近距离观察昆虫，询问各类昆虫的名字，新奇不已。最后，实践队送给孩子们昆虫标本作为此次课程的礼物。

为锻炼孩子们的身体、增强体魄、培养孩子们的团队意识和合作能力，通过打乒乓球、踢毽子、打羽毛球等体育活动，我们带领孩子们进行体育活动，构建健康、文明、积极、向上的文化氛围，丰富孩子们的课余生活。整个场面欢快热闹，精彩纷呈，欢笑声此起彼伏，学校操场俨然成为一片欢乐的海洋。运动结束后，我们带领孩子们仔细清扫了校园，将各类物品归类整理。

本次的实践活动为大家提供了更多了解村情的机会，为孩子们带来了欢乐，我们也留下了珍贵的记忆。同时，与 7 名儿童点对点帮扶，通过加 QQ 等联系方式实现线上教育帮扶，建立长期交流机制，助力儿童身心健康发展。实践队员返校后将定期与当地学生进行联系，及时解决当地学生的学习、生活、心理问题。

忻州市定襄县季庄乡横山村实习（2）

李响
农学 2001 班

实习内容：深入田间地头，科技帮扶兴农。

为深入了解定襄县横山村农作物种植过程中病虫害发生情况，帮助村民们学习掌握农业病虫害的基础知识，掌握更多的生产理论与技术知识，并且为进一步了解自己所学的专业知识，将理论知识同实际生产相结合。2021 年 7 月 16 日，在农学院党委书记荆立群、农学院党委副书记刘玲、农学院副院长冯美臣、农

学院副院长郭数进带领下，指导老师董淑琦同我们深入田间地头开展科技知识帮扶行动。

指导老师董淑琦在横山村带领实践队员和村民朋友一同深入田间地头，仔细观察田间种植的谷子的生长情况和出现的病症状况。董老师从植物病害发生时植物生长的异常情况和病害所引起的植物表现的症状分析引起病害的原因，提供了各类病害的防治方法以及喷洒药剂时需注意的事项。董老师见到田间竖起的灭虫灯，向村民们询问了灭虫灯的使用情况，还解答了村民使用灭虫灯过程中的疑惑，并且对灭虫灯日常的使用、维护等相关事项提供了宝贵的建议。村民们仔细聆听并提出自己的疑惑，董老师都一一作答。董老师还为村民所说的在生产种植过程中遇到的疑难杂症，开出了精准的药方，还向村民们解答了购买渠道等琐碎却又十分必要的问题。

与此同时，董老师还向实践队员们讲解了谷子种植时需要注意的问题，以及各种病害所表现出的特征。董老师还向队员们对比讲解了谷子与玉米所产生经济效益的不同，以及如何提高谷子产量、谷子种植过程中如何除草等实际生产所面临的问题。

“民以食为天”，解决农业生产问题实际上是解决我们人类的生存发展问题。实践学习结束后，实践队员们纷纷表示，在现代农业生产与科技紧密结合的今天，我们广大农科学子不仅要掌握扎实的专业知识、提升专业知识的应用能力和实践水平，更要学习先进的技术手段带动农业大生产，改良引进优质高产品种，提高粮食产量，切实解决农民生产实践中出现的问题，为国家“三农”事业的发展贡献自己的一份力量，担负起新时代青年的责任，以农科学子的专业知识为乡村振兴做出贡献。

东阳试验示范实习实训基地实习（1）

张伟
功能农业 1901 班

实习内容：实地学习大豆、谷子、糜子、高粱等各种大田作物品种的培育和研究。

东阳试验示范基地是科技成果迅速转化为实际生产力的试验场，在这里产生的科技成果可以直接检验其在实际运用中的效果，通过检验可进一步对科技成果进行改良和创新。我们班在 2021 年 9 月 20 日去东阳试验基地开展农事实践活动。

在我们来到东阳基地后，基地的老师们热情地带领我们参观基地，并为我们讲解了关于谷子、糜子的种植方式。谷子作为我国最早种植的作物之一，其在生物学和生态学特性上均有抗旱的特质，以至于在黄土高原这个经常受到干旱胁迫的地区能够大规模种植和生产；糜子是山西省北部地区大量种植的作物，它和谷子的茎秆有些相似，但是所结穗子有较大不同。同时我们还观察了甜荞和苦荞，虽然我们在网上经常能买到苦荞茶，但是这次却是我们第一次如此深入地了解苦荞这一作物。不同的豆类让我们眼花缭乱，大豆、绿豆、小黑豆、红豆等各种豆类作物，让我们认识到了作为古人所说五谷之一的“菽”具有的独特魅力。

农业是门实践性很强的学科，农科学子需要在不断的实践中锻炼才能够成长。理论与实践是相互联系的两大部分，只有亲身体会，才能将我们平时学习到的理论知识融会贯通。通过此次实习，我们看到了许多作物优良的种植模式，感受到了国家对农业发展的重视，以及我省农业发展的蒸蒸日上。研究人员永远坚持在科研第一线，研究新品种、新技术、新模式，将先进的种植模式和生产工具推广到广大农民手中。我们作为农科学子，不仅要脚踏实地学好专业知识，还应该夯实基础，注重理论与实践的结合。

东阳试验示范实习实训基地实习（2）

于建伟

农学 1904 班

实习内容：参观学习大豆、高粱、糜子等种质资源。

2021 年 9 月 25 日下午，农学院崔福柱、杜天庆等老师带领我们农学专业大三年级学生前往山西农业大学农业基因资源研究中心东阳基地参观学习。恰逢山西省种质库 2021 年中国农民丰收节种质资源科普开放日，山西农业大学农业基因资源研究中心的

老师们热情地接待了我们。我们参观了他们的各种实验室，老师们为我们详细介绍了各种实验仪器及设备。在此过程中我知道了种子各种成分含量的测定方法及所用仪器，如氨基酸、淀粉等含量的测定；各种矿物质含量的测定方法及所用仪器，如全氮、全钾、有机质等的测定。然后我们又参观了种子资源展厅及种质库，在此过程中，我们了解到各种粮食作物在山西的种植分布情况及数量，还进入种质库学习并体验了其中的温度，了解到种子经处理后必须贮存于-18℃环境中才能长期保存其活性，一般可保存30年左右。参观实验室的过程中，令我印象最深的有两件事，一是介绍过程中凡先进仪器基本全都是进口的，二是有可以直接扫描就可测定种子成分含量的红外设备。我不禁感慨科技力量之强大。

我们参观了山西农业大学农业基因资源研究中心试验示范基地——东阳基地。基地老师们向我们逐一介绍了高粱、黍（糜

子）、荞麦及杂交大豆等作物的研究背景、品种来源、研究进展、机械化水平等各方面知识。对同学提出的疑问，老师也都耐心详细地为我们讲解。在东阳基地，我了解到目前多种作物的机械化播种基本实现，但诸如黍稷、荞麦等“小作物”的机械化收获还有待进一步研究。杂交大豆产量目前还不理想，常规种产量可达330 kg/亩，而杂交种产量只有280 kg/亩，有待我们的老师、专家继续努力，争取早日培育更加高产、优质的杂交大豆品种。

此次实习，让出身农村的我对农业生产过程有了更宏观更全面的认识，深刻认识到科学种田的厉害之处和重要性，也为我今后的理论学习增加了无穷动力，更为日后创业从事农业奠定了良好坚实的基础。

晋中国家农业高新技术产业示范区（太谷）实习（1）

王昭懿
农学 1803 班

实习内容：保障国家种业安全。

回顾此次我在农高区的作物育种学教学实践活动，感触颇深，也收获颇丰。在老师们的细心指导下，我学习到了很多人生难得的经验和作物育种学的知识。总结此次实践活动，我主要有以下几点体会和感悟。

通过这次的实习活动，我深深体会到了食物的来之不易，也明白了选育作物品种并不是简简单单地把种子播种到土里就好了。无论是种子的选取，还是播前的准备，还有田间管理措施，以及各种育种方法，都要掌握相关的知识，采取正确的方法，进行辛苦的劳作，才能获得一个高产优质的农作物品种。

在复杂的国际形势下，保障粮食安全是一个国家的首要任务。未来，农村人口会越来越少，愿意务农的人也越来越少，如果品种资源方面没有进步，会导致粮食供应不足，人民生活得不到保障。现在我们的国家也提倡开展种源“卡脖子”技术攻关，在科学和严格监管下开展育种产业化应用，助推我国的育种产业迅速发展。

我深知，想要为国家育种事业做出一份贡献，必须先学好自己的专业知识，将知识运用于实践中，也要在实践中深化知识。作为一名农学人，我也更愿意了解育种方面的知识。新时代的农业院校大学生应以强农兴农为己任，努力学习专业知识，成为知农爱农新型人才，为推进农村现代化，确保国家粮食安全，做出新的更大的贡献。

晋中国家农业高新技术产业示范区（太谷）实习（2）

蔡灵玲
农学1802班

实习内容：作物育种学专业实习。

作物育种学是每一个农学专业学生的必修课程，也是一门实践性很强的课程，所以外出实践是其重要的组成部分，目的是给我们提供一个理论与实践相结合的平台，启发大家的创新思维，灵活地将课本上的理论知识运用到实践中去。实习既能验证课堂理论，又能巩固和加强课堂所学的知识，是理论与实践有机结合的重要环节，可以培养观察能力和生产实践能力。

长时间以来，我们都是“寝室—食堂—教室（或自习室或图书馆）”三点一线的生活，或多或少总有一些厌倦的感觉，而外出实习恰好可以改变这种三点一线的生活和学习方式，所以我对本次实习充满着好奇，又因为好奇所以充满着激情。实习那天的天气晴朗，我们在吃过午饭后就来到了集合地点，很快我们依次坐上了开往这次实习地点的专车，踏上了作物育种学教学实习课程的旅途。在课程老师的带领下，我们抱着强烈的学习欲望走进课堂，一路上我们有说有笑，我们所收获的不仅仅是知识，还有同学之间的协作精神。

本次实习加深了我们对作物育种技术和田间管理技术等知识的了解，同时我们清楚地认识到农业发展的广阔前景，对于树立“学农爱农、服务三农”信念具有积极意义。我们在实践中领略到了科技育种与科技种植的独特魅力，在这个过程中，我们获益良多。这次短暂地从课堂走向田间再走向科技实验室的课程实习，使同学们切实领悟到农业生产实践的魅力，体验到真实的现代化农业的生产环境，实现了课堂学习的理性认识与现场学习的感性认识有机结合，进一步坚定了学农、识农、务农、强农的专业思想。我们也深刻地记住了习近平总书记的话：抓住了科技创新，就抓住了发展全局的“牛鼻子”。我国的现代农业革命已经开始，我们从事农学专业的人更应该奋力前进，学好专业知识，把知识应用到生产实践中去。

山西小麦农科教合作人才培养基地实习（1）

卢玉
农艺与种业 2108 班

实习内容：小麦播种。

深入田间地头，体验农村生活，这段经历是一笔可贵的精神财富，它使我收获了坚定的意志和成长的快乐。勤劳总没有

错，这是我在实习期间最深的体会。虽然在地里忙碌一天很累，但我相信辛勤的付出会有回报，基地很美、很纯、很静、很

甜，从心底融入其中感受的不仅仅是农村，更是一种生活生命的净化。乡村如旗，闪着新时代的光辉，宛如鲜艳的党旗，如火如荼。那里有最勤劳的人民，充满着智慧与坚强，那里有人间最真最纯的乡土情，那里有最充实的付出和最实在的收获，那里有最简单纯朴的幸福和满足。

通过这次实践活动，我也发现了自身的许多不足之处。比如：专业知识的欠缺，人际交往能力、处事应变能力等方面的不足。我也为以前不了解实际情况，不进行实地调查研究而乱下结论的行为感到汗颜。我希望以后能在更多的实践中努力培养自己多方面的能力，提高自身的综合素质，争取进一步更好的发展。

这次的实践让我零距离地接触了真正的生活，与大地更加亲近。种麦子的过程中，我不仅仅学会了如何把小麦种到土壤中，也学会了如何统筹规划，做好种地的每一个规划，从画小区图，到称化肥、撒化肥、拌种等每一个过程都需要自己用心提前规划好，不管做什么事情，都要以对人对己负责的态度认真仔细对待，绝不能敷衍了事。所谓细节决定成败，人与人之间在智力和体力上的差异并不是想象中的那么大，你的态度决定成败。做事如种田，踏踏实实做好每一步，汗水的付出才有收获，在金色的秋季播种下希望，明年一定会有收获的快乐。

山西小麦农科教合作人才培养基地实习（2）

母俊毅
农研 2103 班

实习内容：观察试验田出苗情况，测土壤水分。

作为一名农学专业一年级研究生我很惭愧，同时也很骄傲。惭愧的是我读研之前仅仅是见过小麦，但对小麦的其他相关知识一无所知；骄傲的是此次去试验基地观察苗情，是我第一次真真

切切地观察到小麦是如何从一粒麦种变成一颗麦苗的。我之前也

见过小麦的播种情况，但是并没有细心地观察不同的播种机造成的播种差异，而经过此次苗情观察，我能一眼看出不同的播种机对于小麦出苗情况的影响。宽幅播种机播种均匀，出苗也更加均匀，能够很好地利用土地资源，麦苗在田间分布十分好看，但是常规条播机播种不均匀，出苗有稀有密，对于土地的利用不够充分。

在校学习期间都是在课堂上学习知识，只能通过老师的口述大概了解到作物的一生，不能深入了解。现在我更多的是在田间学习知识，不但会对书上的理论知识进行实操应用，还会与当地农户进行生产交流。农户的经验更加丰富、技术更加成熟，只是没有书面文字的记录。我们要向农户学习，学习他们总结的生产经验，来更好地指导我们的生产。

以前我觉得务农是一件很辛苦的事情，很排斥，但是现在我在劳作的过程中能不断地学习到新的知识，不断地了解农学的魅力所在，能深刻地感受到农学的重大意义，所以我现在很骄傲我是一名农学研究生。我会不断学习，不断提升自己的能力，更好地为农业生产尽自己的一份力。

朔州市应县杏寨乡望岩村实习（1）

侯灵睿
动科 2003 班

实习内容：深入基层，了解村情，谋求发展。

大一的时候我有幸作为社会实践队的一员，跟随队伍去应县望岩村进行社会实践。在出发前老师们向我们讲解了这次实践活动的主要工作内容，并细心叮嘱了我们要注意安全、注意防暑等问题。

经过 3 个多小时的车程，我们来到了本次实践的目的地——应县望岩村，此次活动为我们提供食宿的是应县原林业局局

长，我们都称呼他为高局。下车之后，高局带着我们来到了住的地方，并为我们准备了丰盛的饭菜，吃过午饭，贺老师给我们具体安排了下午的工作及行程。下午，我们在高局的带领下参观了采摘园，见识到了种在花盆里的果树。高局说这种树较难培养，北方冬季寒冷，不适合果树生长，因此把果树种在花盆里，方便在冬天的时候搬到室内来避寒。

在参观完采摘园并品尝了各种品种的桃子和杏之后，我们在任有蛇老师的带领下走访了村里的养羊户，了解到了我院培育并发放到这些农户家里的种羊的具体情况。

看到农户们辛苦的喂羊、放羊，我们深深体会到了生活的不易，但同时也进一步明白了作为动科学子学习动物科学专业的意义所在。之后我们走访了村里其他的村民，向他们了解了村子的治理情况、街道的环境、自来水问题、生活条件等。望岩村在不断地进步中发展成了一个街道整洁宽阔，村民生活达到小康水平的模范村庄。

接着我们又跟随老师们的脚步走访了村子里的老党员，爷爷奶奶们向我们讲述了他们与共产党的故事，以及与共产党之间千丝万缕的缘分，并向我们展示了他们之前获得的勋章。通过这些爷爷奶奶的言语，我体会到了他们对年轻时代的美好回忆，从他们的眼中流露出来的，是作为一名中国共产党党员的自豪以及对党的忠诚与坚定，在那个时候，一颗想要成为一名共产党员的种子便悄悄在我心中种下并逐渐发芽。

在望岩村的走访工作就这样伴随着夜幕的降临悄然到了尾声，我们拖着疲惫的身子回到了住的地方，叔叔阿姨们早已将热腾腾的饭菜摆在了桌子上，我们在欢快的交谈中度过了愉快的晚饭时光。晚饭过后，我们进行了一天的总结工作，在老师们的带领下，和学长学姐们坐在一起对一天的走访进行了新闻撰写以及工作的总结，键盘的敲打声和工作交谈的声音充斥着整个房间。在那一刻，我突然明白了最美好的无非就是当下，最难得的就是那种一起奋斗的团队精神。

朔州市应县杏寨乡望岩村实习（2）

王超智
动科 1903 班

实习内容：探寻红色文化，传承红色基因。

2021 年暑期，为庆祝中国共产党成立一百周年，进一步激发大学生爱国爱党、奉献社会的热情，引导大学生在社会中进行自我锻炼、自我教育，培养大学生热爱学习、勇于创新、甘于奉献的良好品质，山西农业大学动物科学学院积极响应团省委“永远

跟党走 奋进新时代”的活动主题，根据学校疫情防控工作的总体部署和工作实际，在确保学生安全的前提下，组建了青年红色筑梦之旅文化小分队，顺利开展了山西农业大学2021年暑期社会实践活动。我很荣幸作为一名志愿者参与了本次活动，与老师、同学们一起探寻红色文化，传承红色基因。

根据学院统一安排部署，我随小分队在应县、右玉县、武乡县等地进行实践活动，对当地的红色文化、乡村文化、传统文化和企业文化共4项分散进行了实践调研活动。我参观了应县“八中八小八幼”红色教育展览馆和应县木塔，在应县革命烈士纪念塔重温入党誓词，还在武乡县石圪垤北方妇女干部培训班旧址挂牌成立动物科学学院红色教育实践基地，对三位荣获“光荣在党五十周年”的老党员进行了人物专访。同时，我还对每一个地方的地方志进行了仔细研读，对各地方的红色精神，例如太行精神、右玉精神、曹汝谦精神等都进行了认真地学习以及再解读。

本次社会实践活动得到了各地方政府的大力支持，按照计划有条不紊地开展。通过本次活动，我感受到了山西农业大学对于推动创新创业教育与思想政治教育的融合，打造具有影响力的大学生思想政治教育“大课堂”的信心以及决心，我深刻了解到质量兴农、绿色兴农、科技兴农、教育兴农不仅仅是一句口号，而是山西农业大学对于推动乡村振兴事业所做工作的真实写照。在实践活动过程中，我认识到了吃苦耐劳和团队合作的精神，对当前贫困地区的乡情、村情、民情进行了初步的了解，磨炼了自己意志，培养了把理论运用于实践中的能力。通过学习红色文化，解读红色精神，我真切感受到了共产党员做好事，做实事，严守纪律，服务群众的宝贵品质。一生向党，坚定信念，守住底线，坚持高线，全心全意为人民服务，成了我以及所有小分队志愿者们的内心信仰，这次实践活动也给我带来了深远的影响。

运城市万荣县高村镇闫景村实习（1）

霍昌虹
食安 1903 班

实习内容：（1）为老年人普及食品安全营养健康知识。（2）通过问卷调查方式访问村中儿童、儿童监护人、老年人对"食品安全营养""乡村振兴"等问题的看法。

作为一名在校大学生，有很多东西值得我去学习。而这次的乡村之旅，让我真正从实践中学习到知识，也学会如何把所学到

的知识应用于实践中。进入万荣县，我体会到了不一样的文化，不一样的民风，不一样的饮食。我收获的不仅仅是资料，更多的是心灵上的感悟。

本次下乡活动包括欢迎会、开展食品安全营养讲座、走访村民、深入田间参与农业实践。最让我印象深刻的是走访村民这一过程，通过问卷调查的方式了解营养知识、饮食行为、营养与饮食态度、村级产业、居住环境、乡土乡风、治理建设等方面的问题。村民们都很积极配合我们完成问卷调查，主动给我们讲村子里的相关事情和值得一去的景点。有的爷爷奶奶还热情地送来了自己家种的桃子、苹果来招待我们，介绍邻居给我们认识，极大地方便了团队后期工作。万荣县高村镇闫景村风景美丽、民风淳朴、村民热情好客，这也让我们的疲惫一扫而空，留下的是村民们带给我们的感动。

这次实践活动不仅给我们创造了理论与实践相结合的锻炼机会，也让我们有更多的机会接触社会，我们得到的不仅仅是相关的资料，更多的是来自心灵的感受，来自村民的一片热情。因为那是他们对我们工作，对我们服务的一种认可。

虽然这次实践活动时间很短，但却让我受益良多。这些经历将成为我人生的一笔财富，值得我永远珍藏。“三下乡”就是要让我们学会将理论与实践相结合，发挥自己的才能并认识自己的不足，努力学习充实自己，为以后更好地服务人民做准备。

运城市万荣县高村镇闫景村实习（2）

王泽琛
食安 1903 班

实习内容：深入基层宣传食品安全知识，聚焦闫景乡村振兴发展成果。

在食品学院党委的支持下，食品学院分团委举办暑期“三下乡”社会实践活动。我院“献礼建党一百周年　青春助力乡村振兴”山西农业大学社会实践队一行于 2021 年 7 月 9 日至 7 月 10 日赶赴运城市万荣县高村镇闫景村进行实践调研活动。而我有幸参加到了此次的队伍之中，与同行的老师、同学们共同为乡村振兴和食品安全宣讲贡献出自己的一份力量。

万荣县高村镇闫景村是山西农业大学 2019 年 5 月实施乡村振兴示范村建设行动，对应“雁门关农牧交错带示范区建设”“山西运城水果出口平台建设”“山西农谷建设”“优质杂粮示范区和国家级杂粮产地交易市场”“农村农林文旅康产业融合发展建设”5个省级战略布局选定的5个目标实施村之一，由山西农业大学食品科学与工程学院牵头负责，计划用两个5年时间，探索形成适合我省乡村振兴的可复制、可推广的发展路径。

村民师生密切配合，校地合作成果显著

7月9号一大早，迎着初升的太阳，我们的队伍从学校出发，历经三个多小时车程，到达了闫景村。一下车，我们就发现街头小巷布置得整洁干净，一条条文化气息浓郁的小街小巷让村子的脉络更加清晰、美丽，热情的闫景村村民还为我们一行14人举办了一场小小的“欢迎会”。在与县镇两级干部和部分村民进行友好交谈后，我们详细了解了村里的历史文化、产业发展、组织建设等工作。我们先后参观了第三届中国农民丰收节主场、“闫景村史”展览、山西农业大学在闫景村推广的部分农业科技成果等，深刻明白了乡村振兴示范村建设行动在闫景村的工作内涵，了解了校地一起谱写的共促乡村全面振兴的壮美篇章。

深入人心宣传讲座，寓教于乐百姓受益

令我印象最为深刻的还是我院朱俊玲副教授深入基层，现场开展题为“老年人饮食健康与安全”的科普讲堂，为老年人普及食品安全营养健康知识。讲座主要围绕闫景村老年群体，结合暑期社会实践活动，整合我院食品安全宣传实践活动资源，进一步提高全民食品安全意识。朱教授结合专业知识与日常实际问题，从“日常饮食、包装食品、保健食品与网络谣言”等方面，以生动有趣的交互式体验手段向广大老年群体传播正确的食品营养安全知识。宣讲会现场互动频繁、气氛热烈，村民们积极配合、提出日常中常见但一直没有专业人士解答过的问题，朱教授结合实例认真解答，并做出相关提示与建议，使大家加强对食物的进一步了解，提高自身健康素养，建立营养新生活，真正做到了全民参与、寓教于乐、百姓受益。

在实践中挥洒青春，在调查中进步成长

此次实践的主要任务是发放问卷，进行调查研究报告工作。生逢其时，肩负重任，我们主动把食品安全与乡村振兴作为暑期“三下乡”社会实践的重要内容。问卷全部回收，有效率高达98%，内容结合当地实情与专业知识，主要有“食品安全与营养”调查问卷、“乡村振兴”相关问题，其中“食品安全与营养”调查问卷对象主要包含儿童、儿童监护人和老年人，问题包括营养知识、饮食行为、营养与饮食态度；“乡村振兴”相关问题涉及村级产业、居住环境、乡土乡风、治理建设等各方面。调查过程中，我还就其中基础营养知识、居民生活水平等问题，与村民们进行深度访谈，了解到了村民现状与需求，并协助村民在问卷中认真反映他们的真实感受。

此次活动意义非凡，同学们受益匪浅。我们在实践中受教育、长才干、做贡献、听党话、感党恩、跟党走，在社会实践中坚定理想信念，站稳人民立场，用实际行动践行了“请党放心，强国有我”的神圣使命！

晋中市太谷区北洸乡北洸村实习（1）

孟靖
视设 1802 班

实习内容：北洸乡北洸村古建筑、砖雕、民俗以及现有文创调研。

晋中市太谷区北洸村具有相当丰富的历史遗产和极其深厚的文化底蕴，集晋商文化、古建筑文化、民俗文化为一体，历史文化积淀十分厚重，2003 年获评首批“山西省历史文化名村”称号。在 2021 年 10 月底，我们通过走访调查、欣赏调研等实践活动，研究了北洸村古色古香的建筑、精美的砖雕、当地特色的民俗文化以及现有的文创等。

在明清时期，北洸村晋商巨贾曹氏家族建有传统古建筑宅院 16 处，占地 300 亩，可惜因多年的战乱破坏和乱拆乱建等原因，至今只剩下三多堂、五桂堂、凝富堂、延龄堂、怀义堂等几处建筑。村内东后街、牌楼街、兴隆街、南大街、寺院路保存形态完整，传统风貌连续，历史建筑完好率达 86%。

以三多堂、五桂堂、延龄堂为代表的典型北方民居建造精美，布局对称，层楼叠院，内涵丰富，楼台亭阁浑然一体，蔚为壮观。建筑细节如门墩、石狮、柱础等雕刻精细；门楣、壁沿采用高浮雕、浅浮雕、透雕等手法，立体感强，层次分明，题材多样，将儒、道、佛教思想与当地民俗文化有机地结合为一体，成为传承历史文化，反映地域特征的载体。

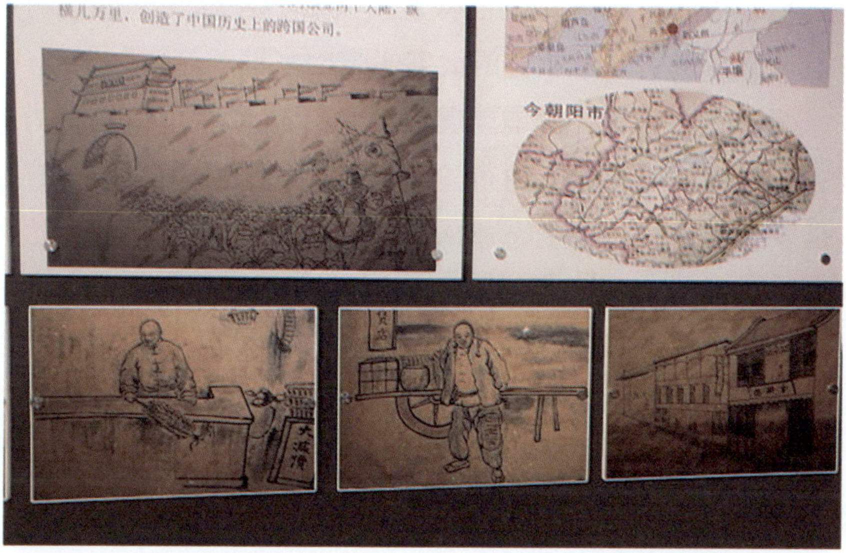

北洸村依托县域特色发展水果大棚，采取多样化果蔬套种，形成四季循环种植，春天种草莓，夏天收油桃，秋冬有蔬

菜，有效提高了大棚的复种指数，帮助农民拓宽增收、致富的渠道。在北洸村口，当地太谷饼企业还特设了一个体验中心，游客可以在此了解晋商历史、民俗特色、太谷饼制作工艺，还可以在师傅指导下，亲手制作地道的太谷饼带回家馈赠亲友。

悠久的历史为北洸村铺就美丽底色，新兴的乡村旅游为北洸村发展注入了无限活力。通过这几天的实践调查，我们了解到北洸村是以绿色种植业和生态旅游业为主的轻型发展模式。这种模式既保护了当地环境，也宣传了环保，同时又带动了经济的发展，改善了北洸村人民的生活水平。北洸村具有便利的交通条件，更加有利于发展本村经济，但发展的同时也存在一些不足，例如，北洸村以种植业为主，但宣传力度不够，只有太谷饼比较出名，其他农副产品知名度不高，仅限于周边地区。同时，旅游业也存在这样的问题，宣传力度不够导致旅游业发展滞后，从而使北洸村经济发展速度不明显。

经过这几天对太谷区北洸村的大致探访，我们提出了以下几点建议：

（1）发展种植业更需注重科学技术的应用，可以聘请专业人员进行指导。

（2）努力完善制度和机制的同时，要注重绿色环保与可持续发展。

（3）在文化传播方面，加大宣传力度。

（4）三多堂在省内尚小有名气，但是在全国范围内知名度却不高。当地应尽可能利用媒体及网络进行大范围的推广，宣传太谷地区的文化和当地的民风民俗。

这次社会实践活动，让我们有了走进社会、体验社会、融入社会的机会，我们在实践中学习，在实践中锻炼，在实践中成长，并且坚持社会实践与增强社会责任意识相结合，与专业学习相结合，与创新创业相结合。通过实践，我们增长了见识，同时培养了我们的团队协作能力及信息挖掘能力，经过信息的搜集，使大家了解到北洸村的历史文化和地域特色。本次活动在王国庆老师的悉心指导和严格要求下已圆满完成，从活动主题的选择与活动的进行，到农村调研、实地考察，以及活动实施过程对突发问题、状况的解决，无不凝聚着老师的努力和汗水、承担与奉献。另外，还要感谢在百忙中为我们细心讲解的工作人员，正因为有了他们的倾力帮助和大力支持，才使我们的社会实践活动得以顺利完成，也让我们的专业知识在活动中得以体现。

晋中市太谷区北洸乡北洸村实习（2）

马思芸
视设 1801 班

实习内容：北洸乡北洸村古建筑、砖雕、民俗、现有文创调研。

园艺学院积极响应党的号召，牢记强农兴农的使命，助力北洸村的乡村振兴战略，并开展相应的乡村振兴社会实践活动。作为学生的我们要积极参加社会实践，在实践中真正地得到锻炼，在乡村振兴实践工作中贡献自己的力量，同时作为艺术生的我们也要在实践中抓住对自己有益的元素，为毕业设计与工作做准备。

在本次社会实践中，我们以小组为单位，查阅北洸村的历史文化，深入北洸村的基层，实地考察北洸村的古建筑、砖雕、民

俗以及现有的文创。我们参观了北洸村的村落、三多堂以及万亩原生态林，经过一天的实地考察与调研，对北洸村有了更加深入的了解。

首先我们去了北洸村最著名的三多堂。三多堂寓意多子、多福、多寿。院落呈“寿”字形，分为南北两大部分，东西并排三个穿堂大院，上接三座三层高楼。整个院落院中有院，错落有致，具有高耸、厚重、古朴的特色。这个布局完整的建筑体系，不仅融合了南北方建筑的特点，而且还吸收了欧洲建筑文化的理念。三多堂的结构为我们的设计提供了灵感。我们看到了院内的砖、木、石“三雕”技艺高超，绘画艺术精美，院内各处的门楼、斗拱、飞檐、窗棂、照壁等或雕有五蝠捧寿，或刻有多籽多松，或凿有日进斗金。这些图案有的象征着祥瑞，有的寓意富贵，图案栩栩如生，形象生动逼真。外院、内宅、厅堂、主楼、偏院有数不尽的斗拱飞檐，看不够的砖雕木刻，技艺娴熟的彩绘木画，工艺精湛的雕梁画栋。驻足这些独具神韵的图案前，让我不禁产生无限的遐思。在这些图案上我们提取可进行设计的元素，结合现有的技术，可以为我们的毕业设计提供思路。庭院内的砖瓦纹理清晰可辨，透过门前蹲守的石狮、规整细腻的格窗、房顶上雕刻精美的兽首以及梁柱上那些依稀可见的烫金花印，我看到了经年积久的文化气韵在暗自流动，这也是最能反映北洸村的民俗文化。三多堂中陈列着许多诸如百寿大屏风、金火车头钟、仇瑛临摹的《清明上河图》等珍贵文物。无不在向我们诉说着三多堂的历史故事，透过这些文物我看到了一种信息的传递，洞见了岁月的风霜。

紧接着，我们参观了北洸村万亩生态园。万亩生态园是北洸乡的“天然氧仓”。园内的果枣资源十分丰富，生态环境优美，有百年成林的新老枣树，有合计约十万株苹果、梨、桃等各色果树，与周围的诸多人文、生态旅游景点形成互动效应，形成集生态观光、休闲度假、采摘体验于一体的旅游区域。生态环境往往最能反映当地的人文气息，这不禁让我想起了暑假在永和写生的日子。由于山路崎岖，一般很少有商贩到当地去做生意，所以当地没有菜铺，每户人家都在家中种地，吃应季蔬菜。我们住在村民家里，每天的餐桌上都是新鲜的有机蔬菜，

“真理来源于实践，实践出真知”。我们只有在不断参加社会实践的过程中才能将我们在学校所学的知识与社会实践相结合。社会才是学习和受教育的大课堂，在那片广阔的天地里，我们的人生价值得到了体现。社会实践不但为大学生提供了一个发挥自我才能，展现自我风采的舞台，也是培养和锻炼同学们综合能力的一个阶梯，更是一个大学生进入社会，走上工作岗位前的演练场地。

这次实践让我学会了很多东西，给予了我很多启发。但实践也只是个过程，真正的目的是要我们改变思想观念，学会学习，这样才能不断进步，才能为建设祖国、奉献社会做出更大的贡献。

太原市晋源区稻田公园试验示范基地实习（1）

池田
农研 2104

实习内容：感受稻虾、稻蟹生态混养。

2021 年秋季学期开始，作为一名硕士研究生，我在晋祠水稻科技小院进行科研实践工作，主要进行了稻田生态混养的试验及科普等活动。作为一名南方人，一直认为北方不适宜水稻这种作物的生长，但实践活动改变了我的认知，促进了我对学习方法和农业的更深理解。

（1）理论一定要结合实践。在实践基地，我深刻感受到只学书本，面对产业实际问题时的心虚。尽管在实习之前我已做好了一些准备，但面对多种多样的田间杂草、田间突然出现的斑块死苗、小学生随手逮到的小虫子等，我突然脑袋中一片空白，只能想起来我似乎学过。实践 3 个月后，理论知识才接了地气，课堂上学到的光合作用、植物生长发育特性、物质能量循环等理论在田间地头才不再是公式，这一幕幕最终变成了自己的东西。

（2）被动式学习转化成主动式学习。大学期间，自己一直是被动式、应付式的学习。实践期间，突然发现生物界诱惑力如此之大，产业领域可做的事情好多好多，自己的知识点极其缺乏。像一个如饥似渴的孩童，我积极投入产业中，不用导师安排任务，自己查阅资料，主动请教，不断丰富自己的知识库。

（3）与人为善多交朋友。在田间地头，我才发现大学不应该是象牙塔，自己也不能自以为是地觉得大学生高高在上。普通老百姓有深厚的智慧，游客有独到的见解，我试验的稻田混养技术“一水两用、一田三收”就来源于和老百姓的交流。“三人行，必有我师。”

太原市晋源区稻田公园试验示范基地实习（2）

温强

农研 2108

实习内容：稻田文化艺术节。

2021 年入学后，我在晋源区稻田公园进行科研实践工作，主要进行了稻田画制作和稻田文化艺术节的策划等活动。通过实践活动，我开阔了视野，对农业的认知和工作的理解也越来越深。

（1）农业走向多功能领域。大学期间，传统认知农业就是种地养猪。实践后，我才明白农业应该在确保生产的基础上，不断满足人民“美好生活”的需要，才能充分发挥农业的综合价值。对于农业的这个认知，个人感悟没有产业实践过程，仅在课堂中学习是领会不到的。

（2）多学科交叉丰富农业业态。实践期间，我参与了稻田画的制作和丰收节的活动策划，深刻感受到产业需要多学科交叉合作。在稻田画制作时，需要彩色水稻的选育、栽培、绘图、景观效果、施工放线等技术；艺术节时，需要舞美、灯光、体验、宣传等配套。参与到这些实践中，我时刻感受自己知识的匮乏，迫切学习的心理让自己每天都过得很充实。

（3）工作一定要有日程。实践初期，我感觉农田工作好多好杂，经常顾此失彼，很累但没有成效。随实践深入，我逐渐意识到，工作事先一定要有计划，执行时按部就班有条理。每天晚上，我们团队成员一起研讨当天的收获和遗漏，制订明天的工作计划，并撰写工作日志。仅仅过了半个月，实践工作已经开展得有声有色。

（4）通力合作。实践期间，同学们和农民、企业员工、政府工作人员等多方协作，才知道学无止境，每一个人都有可学习的长处，只有团结一心，才能事半功倍。

晋中市祁县西六支乡西六支村实习（1）

王天骄
园艺 2009 班

实习内容：入户走访暖人心　做群众的贴心人。

2021 年 7 月 15 日，我们开始在晋中市祁县西六支村进行实践调研活动。经过提前搜索网上信息，我了解到祁县位于山西省中部，古称“昭馀”，因“昭馀祁泽薮”而得名。祁县隶属于山西省晋中市。全县辖 6 镇 2 乡（昭馀镇、东观镇、古县镇、贾令镇、城赵镇、来远镇、西六支乡、峪口乡），160 个行政村，289 个自然村，1 个省级开发区。至 2013 年，全县总面积 854 平方公里，总人口 27 万人。

我们团队去实践的村子是西六支村，据了解得知，西六支村位于山西省祁县中部，是西六支乡政府所在地，土地总面积 5 974 亩，其中耕地 3 957 亩。西六支村现有农户 1 400 多户，总人口 3 553 人，三产比例为 1∶8∶1。

15 日上午，我们到达了西六支村党支部，见到了村书记和村委会主任以及一些热情的村民干部，鲁汉杰老师向村书记、村委会主任讲述了我们“三下乡”的主要目的意图，表达了农大学子一心为农，努力为民，愿意在实践中学习成长，通过自身的相关知识技能来帮助农民解决问题的意愿。通过对实际情况的了解，我们明白了村民们到底缺什么，从而提出了合理的方法帮助大家解决问题，帮助村民过上美好富足的生活。

两位热情的阿姨带领着我们一起进行了入户调查，我们询问了农户家庭的经济情况以及生活环境的相关问题，了解到了村民们的生活现状，以及大家对“乡村振兴”的美好向往。

近年来，西六支村两委班子积极推进农业和农村经济结构调整，加快农村发展，以村容村貌和路容路貌的集中整治为突破口，切实改善西六支村生产生活条件，带领广大群众发家致富，使西六支村人民生活水平有了明显提高。

也有少数村民表示国家的各项措施在自己身上还没有感觉到有明显的作用。但是我相信，在现在这个科技发展十分迅速的新时代，按乡村振兴战略的总要求，一定会在不久的将来切实地让每一位村民体会到幸福安康的美好生活。

7 月 16 日上午，我们通过发放乡村振兴的传单，帮助广大村民了解乡村振兴，促进美丽乡村文化建设，落实“产业兴旺，生态宜居，乡风文明，治理有效，生活富裕”乡村振兴的 20 字方针，积极推动农村文明建设进一步发展。通过进行入户宣传，我也更加深入地了解了乡村振兴的相关内容，让我们从身边的小事做起，培养和践行社会主义核心价值观，大力宣传中华传统美德，弘扬时代新风。

宣讲活动结束以后，我们带领孩子们进行了素质拓展活动。

（1）大风吹：通过这个游戏，锻炼了孩子们的反应能力，有利于同学们身心健康发展。

（2）心有千千结：通过这个游戏，可以提升大家团结协作的能力，有利于培养孩子们的团结意识，最重要的是，它还告诉我

们，生活就像是系着一个一个的结，需要我们不断探索，不断努

力，才能打开这些结。无论是在生活还是学习当中，遇到了一些困难，我们不应该轻易放弃，而是应该去努力探索解决的方式，相信只要我们努力，问题就一定会解决的。

（3）一元与五角：通过这个游戏，我们渐渐融为一个集体，大家玩得非常开心，促进了同学之间的相互交流。

通过对孩子们进行宣讲以及素质拓展，我们实践队也在这里

不断学习、不断成长和认识不同的人和事物。这次实践经历是十分有意义的，不断地教会我们提升自我，了解他人，我们切实体会到了真实的乡村生活。

晋中市祁县西六支乡西六支村实习（2）

张桐禹
视设 2002 班

实习内容：乡村振兴在行动，入户走访暖人心。

（1）扎根大地，了解国情民情。在全国上下深入学习贯彻习近平总书记“七一”重要讲话精神、热烈庆祝中国共产党成立100周年之际，“三下乡”社会实践队员们要努力“把论文写在田间地头，把科技播撒三晋大地”，增强“请党放心、强国有我”

的使命担当，提升服务乡村振兴战略的综合本领，练就崇学事农吃苦耐劳的优秀品质。本着“献礼建党一百周年，青春助力乡村振兴”的理念，学习贯彻乡村振兴战略，培养同学们实践沟通能力。此次调研实践以乡村振兴为切入点，以打造祁县西六支村特色经济发展，学习祁县西六支村乡村振兴精神为重点，以祁县西六支村为平台，通过开展入户调研、进行乡村振兴理论宣讲等活动，为助力乡村振兴贡献青春力量。

（2）深挖群众意见，入户落实调查。在指导老师学院分团委老师薛媛、郭宇的带领下，大家通过走访、问卷两种调查方式，在基层群众中，了解到村民对脱贫攻坚和乡村振兴战略的认可和高度赞同，对建党一百周年的欢欣雀跃，以及西六支村村民坚持跟党走的决心。我们在与村民的交谈中了解到本村村民大都加入了农村合作社，同时了解到当地以搞好农业开发专业合作社建设夯实第一产业。西六支村农业开发专业合作社本身具有规模化生产、集约化经营的天然优势。基层群众热情配合本次调查任务并认真填写调查问卷。指导老师学院分团委老师薛媛、郭宇强调，开展此次专题调研，收集群众急难愁盼的问题，为乡村振兴提供了理论和实践建议，同时，深入开展本次实践活动，共同为促进乡村振兴再添新力，促进“献礼建党一百周年，青春助力乡村振兴”的开展，不断走深走实。

（3）分析调查工作，改善调研方法。实践队成员不断提醒本次活动的目的是探访民生民意，助力乡村振兴，共绘农业农村发展新蓝图。同时牢记四点要求，一是要勇于吃苦、接受考验，在艰苦的环境中磨炼意志，培养崇学事农吃苦耐劳的优良品质；二是要坚定信念，砥砺意志，在社会课堂中受教育、作贡献，努力成为担当民族复兴大任的时代新人；三是要树立安全意识，时刻将生命安全放在第一位，服从管理，统一行动，合理安排社会实践工作；四是要做到尽力不辱使命，谦虚谨慎学教育，发挥特长长才干，崇学事农做贡献，做到懂农业、爱农村、爱农民。在本次调查活动中，大家发现调查过程中存在部分潜在问题，在指导老师学院分团委老师薛媛、郭宇的指导下及时纠正了问题，确保了调查任务圆满成功。我们更加深刻地认识到身为一名园艺人身上的责任，作为社会未来的接班人，我们应该积极主动地走进社会，服务社会，融入社会，从而更真切地体会社会中的点点滴滴。

（4）落实乡村振兴战略，全面普及基层。2021 年 7 月 16 日上午 9 点，实践队以西六支村村委会为中心呈发散式路线“一对一”走访入户，为基层群众普及乡村振兴战略。实践队发挥特长为崇学事农做贡献，同时为部分基层群众发放乡村振兴宣传册落实好普及宣传工作。7 月 16 日下午 4 点，正值村民群众户外活动时间，实践队成员依托村委会广播室为本村基层群众全面普及乡村振兴战略。实践队以“作贡献，努力成为担当民族复兴大任的时代新人”为己任，为全面实施乡村振兴战略提供有效抓手和具体举措，更好服务基层、服务农民。

通过此次活动，实践队队员们认识到“三下乡”不仅仅是一次普通的志愿服务，它使队员能够在亲身经历中更加了解社会现状，深入了解国情民情，懂农业，爱农村，爱农民。

晋城市陵川县附城镇丈河村实习（1）

董彦亨
景观 1902 班

实习内容：乡村振兴示范村实习。

本次实践我们前往晋城市陵川县丈河村。刚开始，大家都不怎么熟悉对方，甚至连名字都叫不出来，后来，在一个个实践项目中我们不断沟通与交流，每个人都有新的想法和体会。经常和伙伴谈心，听听大家的心声，了解大家的思想，促进了我们之间的理解，熟悉了彼此，同时也可以集思广益。

我们沿着道路前行至古商道，在我院李涛老师的带领和讲解下开展当地植物种类调查，对所调查到的康养植物进行统计，并使用枝剪和标本夹现场压制具有花、叶、果等具有明显识别特征的植物标本，以便于后续的观察和研究。本次实践活动中，最终制作的优质标本都将捐献给丈河博物馆，为后续当地康养植物科普工作提供帮助。

“三下乡”是我们人生中一笔宝贵的财富，通过活动我交到了知心的朋友，认识了许多在自己领域做出成就的前辈，为了我们共同的目标而努力，在欢声笑语中共同克服巨大的困难。

经过几天的努力，“三下乡”活动终于圆满结束。在这几天中，有过心酸，有过汗水，也曾劳累不已，但我也收获了很多——收获了知识，收获了友谊，收获了沿途的欢声笑语。我终于明白，“三下乡”活动的意义不仅是让我们体验生活，帮助他人，弘扬传统文化，更重要的是，作为一名参与者，我真真切切地感受到平凡的工作也有平凡的快乐，我明白了快乐不是与生俱来的，而是需要不断地总结和交流，奋斗与前进。岁月会随时间而流逝，但曾经的回忆，是我们一生的财富。

晋城市陵川县附城镇丈河村实习（2）

张栋杰

景观 1902 班

实习内容：学习脱贫攻坚精神。

暑期“三下乡”活动虽然只有短短几天，但是却让我收获颇多。回顾暑期“三下乡”实践的日子，我感慨良多，留给我的不仅是感动，还有成长。对比以前，我感觉自己成长了不少，变得更加成熟、勇敢、自信。生活对我如此慷慨，我在付出一点点的时候却收获了更多，学会了很多为人处事的道理，这些都是我人生不可缺少的财富。

在实习的过程中，令我感触最深的就是驻村第一书记郭建平以及他女儿郭子涵的故事。作为第一书记的他，每件事情都亲力亲为，始终坚持“五天四夜”工作制度，吃住在村。为了让村子脱贫，他几乎奉献了自己的一切。最后，郭建平书记因公殉职，倒在了扶贫一线，把生命融入他扎根的土地。“情系扶贫路，英魂铸丰碑”这句话正是郭书记的真实写照！而他的女儿郭子涵，大学毕业后经数次申请，终于来到了父亲曾经战斗过的地方。从最初的不理解，到身处其中后深深的认同，郭子涵扛起父亲曾经的重担，修路、建蓄水池、建车间，带领村民们脱贫致富。这是怎样的家风与传承？她是要下多大的决心，才能在研究生毕业后义无反顾地去父亲曾经倒下的那个艰苦的地方。到了今天，看到他们奋斗的地方变得越来越好，我想郭书记一定很欣慰吧，他的女儿在他奋斗的地方完成了他们共同的理想。

我们的脱贫攻坚取得了很大的成绩，但是，就乡村振兴来说，我们还需要继续努力。作为学生，响应学校的“三下乡”实践活动来到这里，正是为了以后更好地服务社会，服务农村。郭建平父女的事迹，深深打动并激励了我，作为新时代的青年，使命任重而道远，我们应该有郭子涵一样的勇气与毅力，利用自己的知识，奉献乡村，奉献国家。在学习好专业知识的同时，当代大学生应多实践，多提升自己，国家的未来需要我们去守护。